AF330667

QUESTION D'ALGER

EN 1844.

Les hostilités qui viennent d'éclater entre la France et le Maroc, ne modifiant pas l'*ensemble* des faits accomplis, nous avons cru devoir faire paraître, sans aucun changement, les observations suivantes, que des circonstances imprévues nous ont empêché de publier plustôt.

25 Juin 1844.

QUESTION

D'ALGER EN 1844;

PRÉCÉDÉE

D'UN PRÉCIS DE LA DOMINATION ROMAINE

DANS LE NORD DE L'AFRIQUE,

ET SUIVIE

D'UN APPENDICE

SUR LE COMMERCE DE L'ALGÉRIE AVEC L'AFRIQUE CENTRALE;

PAR

P. MAUROY.

« Je ne croyais pas qu'on pût réaliser de
» pareils résultats en aussi peu de temps...»
(*M. Gustave de Beaumont.*)

PARIS,

IMPRIMERIE DE J.-B. GROS, RUE DU FOIN-SAINT-JACQUES, 18.

JUIN 1844.

AVANT-PROPOS.

En écrivant ce court précis, l'auteur n'a pas voulu faire une brochure politique : il a voulu seulement raconter. Amené par l'étude de l'histoire à rechercher comment Rome était parvenue à la conquête de l'Afrique septentrionale, il avait remarqué que cette conquête avait été laborieuse et lente : il en avait conclu que la France, rencontrant les mêmes obstacles, aurait à s'imposer les mêmes sacrifices ; et, en présence des incertitudes de l'avenir, il n'avait pu se défendre d'un doute sérieux sur la possibilité du succès. Mais aujourd'hui un grand changement a eu lieu en Afrique ;

chaque année, depuis 1840, y est marquée par un progrès réel et inattendu. — L'opinion de l'auteur sur la *question d'Alger* s'est dès-lors modifiée comme les faits eux-mêmes. C'est ce simple exposé des faits qu'il essaye de présenter. Il espère qu'on lui saura gré d'avoir pu réunir, dans un petit nombre de pages, tout ce qui importait au sujet qu'il voulait traiter, et d'avoir jeté, en même temps, quelque lumière sur une question dont l'intérêt va toujours croissant.

Observation Préliminaire.

On dit souvent que la conquête de l'Afrique par les Romains n'a exigé que peu de temps. On compare la rapidité de cette entreprise avec les hésitations de la nôtre, et l'on reproche à la France de ne point suivre l'exemple glorieux qui lui a été donné. C'est là une erreur. L'établissement des Romains dans l'Afrique septentrionale ne se fit que par degrés, et la France, à cet égard, a marché bien plus vîte que Rome. Il fallut, en effet, plus de deux siècles, c'est-à-dire tout le temps qui s'écoula depuis les deux

Scipions jusqu'au règne de Claude, pour que Rome pût arriver à la pleine domination du pays. Mais cette domination elle-même fut souvent troublée, et l'on dut croire quelquefois qu'elle allait échapper aux mains des conquérants.

QUESTION D'ALGER.

CHAPITRE Ier.

De l'Afrique carthaginoise, depuis la chûte de Carthage jusqu'à sa réduction définitive en province romaine.

Le premier Scipion débarque en Afrique, défait Annibal, prend Syphax et réduit Carthage [1]. Le sénat romain ne garde rien des possessions de cette république : il préfère l'affaiblir, et donne à Massinissa tous les états de Syphax.

Scipion-Emilien détruit Carthage. Rome s'empare des colonies puniques situées sur la côte ; elle fait du territoire voisin une province romaine, qu'on nomme province d'Afrique, mais elle n'y fonde pas encore de grands établissements. Le reste du pays conserve ou reprend son indépendance.

[1] Avant J.-C. 197.

Cinquante ans après, Jugurtha régne en Numidie; un autre prince indigène, Bocchus, règne en Mauritanie. Les violences de Jugurtha irritent le sénat romain, qui lui déclare la guerre. Métellus, Marius, Sylla, sont envoyés en Afrique. Cette guerre, qui dure six ans, est pleine d'alternatives. A la fin, Jugurtha est pris. Rome partage la Numidie entre Bocchus, ce roi maure qui l'a livré, et Hiempsal, parent de Massinissa.

Un demi-siècle s'écoule encore. César et Pompée se disputent le monde. En Afrique, Bocchus et Bogud, rois de la Mauritanie, prennent parti pour César; Juba, roi de la Numidie, soutient Pompée: vaincu à Tapsus, il se tue. La Numidie devient une seconde province romaine, et César lui donne pour proconsul l'historien Salluste.

Sous Auguste, un autre Juba paraît en Mauritanie. Élevé à la cour de l'Empereur, marié par lui à une fille de Cléopâtre, Juba s'efforce de façonner au joug les Gétules encore sauvages. Ptolémée, son fils, lui succède et l'imite. Ptolémée meurt. Claude s'empare de la Mauritanie, et cette vaste contrée, transformée bientôt après en deux nouvelles provinces, vient se perdre, comme le reste de l'Afrique, dans l'univers romain [1].

Deux siècles s'étaient écoulés depuis la prise de Carthage [2].

[1] Après J.-C. 43.

[2] Les anciennes possessions carthaginoises étaient donc par-

CHAPITRE II.

De l'Afrique romaine depuis les Empereurs jusqu'à l'invasion des Sarrasins.

———

On vient de voir ce qu'il avait fallu d'années et d'efforts pour assurer aux Romains la possession de l'Afrique. Cette possession, si chèrement achetée, fut loin d'être paisible. Sous Tibère, Tacfarinas se révolte dans la Numidie ; sous Claude, OEdémon soulève la Mauritanie occidentale [1]. L'Afrique s'agite pendant tout le siècle des Anto-

tagées, à l'époque de l'empereur Claude, en quatre provinces : 1° *L'Afrique* (qui comprenait ce qui plus tard devint la Byzacène et la Tripolitaine) ; 2° *La Numidie* ; 3° et 4° *Les deux Mauritanies* césarienne et tingitane (*).

[1] Plus exactement sous Caligula.

Tacfarinas entraîna d'abord les Musulans, nation puissante, voisine du désert. Mais cette guerre, qui dura sept ans, eut lieu principalement dans la chaîne élevée des *Monts-de-fer* (Mons ferratus), qui s'étend de Sétif jusqu'au littoral. C'est le Djurjura d'aujourd'hui, habité par les Kabyles indépendants, race aborigène et sédentaire.

La révolte d'OEdémon eut, au contraire, pour appui la population nomade. Suétonius Paulinus, chargé par Claude de la poursuite d'OEdémon, remonta les bords du fleuve Malua (le Moulouyah, dans le Maroc), atteignit en dix marches (decumis castris), les

(*) En admettant que ces deux dernières provinces, sauf plusieurs points de la côte, et même la Numidie, aient jamais fait partie du *territoire* de Carthage (v. Heeren).

nins [1]. Probus s'y essaye à l'empire par des victoires; Maximien-Hercule, déjà empereur, y combat les Quinquégentiens [2]. Sous Maxence, un soldat se fait proclamer dans Carthage et ruine Cirta [3]. Maxence reprend Carthage qu'il châtie cruellement; Constantin relève Cirta, à laquelle il donne son nom. Dans ce temps, les Donatistes ensanglantent l'Eglise [4]. Chez ces hommes, incultes pour la plupart, et qui ne parlent que la langue punique, la haine de la domination romaine s'allie

cimes neigeuses de l'Atlas, et s'avança dans les sables, à ce que dit Pline, jusqu'au fleuve Ger.

[1] Adrien envoie en Afrique Martius Turbo, l'un des meilleurs généraux de Trajan; Antonin-le-Pieux force les Maures à demander la paix. L'histoire contemporaine donne peu de détails; cependant, une inscription découverte par Thomas Shaw, dans les ruines d'Auzia (Bordj-Hamzah), à peu de distance du *Mons ferratus*, prouve évidemment que les colonies rapprochées même du littoral, avaient fort à souffrir des incursions des Maures. Cette inscription porte la date de la fin du second siècle, et fait l'éloge de Q. Gargilius, commandant du territoire d'Auzia, qui, après s'être emparé d'un chef indigène révolté, périt dans une embuscade des Baouares, tribu *voisine* d'Auzia (*Recherches sur la Régence d'Alger*, p. 60).

[2] *Quinque gentes*, ligue de cinq nations. Les Quinquégentiens habitaient le massif où Tacfarinas avait si longtemps résisté. Il fallait que cette guerre parût sérieuse, pour que Maximien-Hercule s'en chargeât lui-même.

[3] Alexandre, soldat pannonien. — Carthage, rebâtie sous Auguste, était redevenue la métropole de l'Afrique; Cirta, ancienne capitale de la Numidie, avait conservé toute son importance militaire et commerciale.

[4] Après J.-C. 310.

à l'ardeur du fanatisme. La religion sert de pré-
texte ; l'affranchissement est le but [1].

Une révolte générale éclate sous Valentinien [2].
Le fils d'un Gétule, Firmus, s'empare de la
Mauritanie césarienne. Avec lui combattent les
Donatistes qu'il protège, et les indigènes qu'il
appelle à l'indépendance. Firmus périt, mais
au bout de trois ans, et vaincu seulement par
Théodose [3]. Nouvelles révoltes, nouvelles dé-

[1] On ne peut expliquer autrement les progrès rapides et la
longue durée du Donatisme. La question controversée (celle de
savoir si l'on pouvait admettre à la communion *les traditeurs*, c'est-
à-dire ceux qui avaient livré les livres saints, par la crainte de la
persécution), ne pouvait agiter seule pendant plus de deux siècles
des paysans et des esclaves. Il y avait donc autre chose dans cette
question que le sentiment religieux : il y avait la haine du maître
et de l'étranger. « C'étaient des troupes de furieux, qui couraient
» par les bourgades et les marchés avec des armes, se disant les
» défenseurs de la justice, *mettant en liberté les esclaves,* déchar-
» geant les gens obérés de leurs dettes, et menaçant de mort les
» créanciers s'ils ne les déchargeaient pas » (Fleury, *Hist. Ecclé-
siast.,* vol. III, liv. XI).

On remarquera aussi que les Donatistes parlaient presque tous
la langue punique ; c'est une preuve nouvelle que la population
des campagnes, c'est-à-dire le fonds du pays était resté africain, et qu'il opposait encore, après cinq siècles, une énergique résistance à l'invasion romaine. Même dans les villes, il
fallait connaître la langue punique. Ainsi Apulée, dans le deuxième
siècle, nous apprend qu'à Carthage on entendait et l'on parlait la
langue punique. Septime Sévère, simple avocat d'abord à Leptis,
puis empereur, avait longtemps plaidé en cette langue, et nous
voyons encore, dans le cinquième siècle, saint Augustin obligé
de prêcher en punique et en numide.

[2] Après J.-C. 372.
[3] Le comte Théodose, père de l'Empereur.

faites, au temps d'Honorius [1]. Les Vandales paraissent [2]. Frappés par eux du même coup, l'Empire et le Catholicisme succombent. Genséric a retrouvé dans les indigènes les vieux ennemis des Romains, et les Donatistes acceptent facilement pour maître ce conquérant hérétique qui se charge de leurs vengeances [3].

[1] Il s'agit ici de la rébellion d'un frère de Firmus, le comte Gildon. Ayant obtenu, par ses intrigues, le gouvernement de l'Afrique, Gildon se sépara complètement de l'Empire, pendant plusieurs années, et fut soutenu dans sa résistance par tout le parti donatiste. Un troisième frère de Firmus, Mascézil, resté fidèle aux Romains, se chargea de sa poursuite et de sa mort.

[2] Après J.-C. 428.

[3] Le Donatisme favorisa plus que toute autre chose la conquête de Genséric.

Quatre-vingt mille Vandales débarquèrent successivement en Afrique. Mais si l'on retranche de ce nombre les femmes, les enfants et les vieillards, on ne trouve pas plus de cinquante mille cavaliers valides. Ainsi, c'est avec cinquante mille hommes seulement que Genséric vient s'établir dans un pays qui commençait aux Colonnes d'Hercule et ne se terminait qu'à la Cyrénaïque, pays populeux, habité par des races guerrières, et rempli de colonies romaines. Certainement, la trahison du comte Boniface ne suffit pas pour donner la raison de cette conquête, bien qu'elle ait duré près de trente ans. Car, d'un côté, Boniface qui s'était réconcilié avec l'Empereur, avait repris le commandement de l'armée romaine; d'un autre côté, les Vandales, peu versés dans la science militaire, étaient incapables de faire le siège régulier d'une seule place forte. Genséric trouva donc un appui dans le pays même, et il le trouva principalement chez les Donatistes. Répandus partout, formant à eux seuls la moitié de la population, détestant, quoique catholiques, le Catholicisme et l'Empire, plus qu'ils ne détestaient les Ariens eux-mêmes,

Cent ans après on voit Bélisaire, Salomon, Jean Troglita. Ces trois grands hommes reprennent l'Afrique et la rendent à Justinien (A). Plus tard, un roi Gasmul remue la Mauritanie : il est tué par Gennadius, qui gouverne pour Tibère II. L'Afrique paraît tranquille durant les règnes de Maurice et de Phocas : elle se repose sous Héraclius.

Ce repos ne fut pas long. Les Sarrasins accourent des bords du Nil : ils envahissent la Cyrénaique, la Tripolitaine, la Numidie [1]. Carthage, inutilement défendue, est ruinée pour toujours, et une nouvelle capitale s'élève pour un empire nouveau [2]. Les Grecs de Byzance abandonnent l'Afrique; le christianisme en est banni comme eux, et l'invasion musulmane, roulant jusqu'au grand Océan, emporte avec elle tout ce qui restait encore de la fortune de Rome (B).

condamnés, persécutés, souvent proscrits, les Donatistes aidèrent puissamment à la chute du gouvernement romain. Un seul chiffre démontre quelle était l'importance de ce parti. A la grande conférence de l'an 411, on compta à Carthage deux cent soixante-dix évêques donatistes sur cinq cent cinquante-six membres présents, et les Donatistes affirmaient qu'ils avaient plus de quatre cents évêques en Afrique. C'était là, par conséquent, une formidable opposition, et avec laquelle il devait être impossible de gouverner.

[1] Après J.-C. 647.

[2] *Kairouan*, dans la Byzacène, fondée en 670, quelques années avant la prise de Carthage. Cette ville est célèbre dans l'histoire des Arabes d'Afrique. Bâtie loin de la mer, elle n'avait pas à craindre les attaques des Grecs, et elle devint bientôt le centre d'un commerce important qu'elle faisait avec l'intérieur même de l'Afrique,

CHAPITRE III.

De l'Afrique romaine et chrétienne, depuis le second siècle de notre ère jusqu'au cinquième.

———

La conquête de l'Afrique par les Romains avait été difficile et lente : la possession, suite de la conquête, fut pleine de troubles. En effet, dans ce vaste cours de six cents ans, (qui commence aux Césars et finit aux Sarrasins), il ne se passe pas un siècle qui ne soit marqué par une révolte ou par une guerre, et les protestations des vaincus ne cessent point de se faire entendre. On aurait pu croire cependant que l'Afrique était devenue romaine. A partir du second siècle de l'ère chrétienne, nous la voyons couverte de colonies, de municipes, de villes libres ou tributaires. On est tout étonné du nombre prodigieux de routes qui la sillonnent, et qui, rayonnant des principaux centres de population ou des fortes stations militaires, s'avancent dans les profondeurs de l'Atlas, et descendent, à travers les sables, jusqu'au *Libya palus* [1]. Partout la civilisation romaine s'y mon-

au moyen des caravanes. On y voit de nombreux colléges, et on y trouve encore, dit-on, une mosquée soutenue par cinq cents colonnes de granit, de porphyre et de marbre de Numidie.

[1] Également appelé *Tritonis palus* (aujourd'hui le Sebkhah-el-Aoudiéh, marais salé, dans la régence de Tunis). Une route conduisait de Carthage aux Colonnes d'Hercule ; une autre à la Cyré-

tre dans sa grandeur. Ce sont ses arts, son luxe, sa littérature, et l'on comprend facilement qu'une loi impériale ait interdit l'Afrique aux exilés, « parce qu'ils y eussent trouvé les habitudes, les » plaisirs et le langage de Rome. »

Cet état de choses dure jusqu'au cinquième siècle. Carthage, Cirta, Julia Cæsarea, toutes les grandes villes de la côte et de l'intérieur, se décorent de temples, de basiliques, d'arcs de triomphe. Une foule oisive y applaudit aux jeux du cirque, aux combats de bêtes et de gladiateurs. Le christianisme paraît dans ce grand mouvement. Toléré d'abord, proscrit ensuite, il triomphe avec Constantin, et Carthage d'où les dieux sont bannis, voit accourir dans ses murs les évêques de toute l'Afrique [1] (C).

Cette grandeur, toutefois, n'était qu'apparente : elle avait quelque chose d'incomplet et de factice ;

naïque, par la Tripolitaine ; une autre, à Théveste ; une autre, à Lambæsa, au pied de l'Aurasius qu'elle traversait, pour atteindre la région du Zàb, etc. etc.

[1] Trente-deux conciles furent tenus à Carthage, de l'année 215 à l'année 420, époque où l'invasion des Vandales les interrompit. Quelques-uns de ces conciles réunirent plus de cinq cent cinquante évêques, et ce n'étaient pas là encore tous les représentants des églises d'Afrique ; car, s'il faut en croire l'un des plus savants écrivains du XVIIe siècle, on y compta un moment six cent quatre-vingt-dix évêques catholiques : ce qui suppose nécessairement six cent quatre-vingt-dix villes ou bourgades de quelque importance (Louis Dupin : *Geog. sacr. afr.*, Ad. Optat. Milev.)

le pays était vaincu, mais non soumis. A cette même époque du second au cinquième siècle, les légions sont constamment en armes. Elles combattent sous les Antonins, sous Maximien, sous Maxence, sous Théodose : si l'histoire ne nous a pas toujours gardé le détail de leurs exploits, le fait principal, c'est-à-dire l'état de guerre, en quelque sorte permanent, ne saurait être contesté. Et qu'on ne dise pas qu'il ne s'agissait que de ces tribus sans nom sorties de la poussière du désert, et qu'un regard de l'aigle romaine y faisait rentrer. Mais les Quinquégentiens, vaincus par Maximien -Hercule, habitaient le Djurjura, entre Sétif et la mer ; mais Carthage, où un soldat règne trois ans [1], était la métropole de l'Afrique ; mais c'est dans le cœur même du pays, c'est dans la première chaîne de l'Atlas, que Théodose conduit ses vétérans à la poursuite de Firmus.

Encore un mot sur cette révolte de Firmus, parce qu'elle nous semble caractéristique. A la fin du quatrième siècle, le parti donatiste était dans toute sa force : il résistait aux Empereurs et à l'Église, à la loi civile et à l'anathême ; il résistait par le pillage, par l'incendie et le meurtre. Pour mettre un terme à tant d'excès, l'Afrique avait besoin d'un gouverneur habile, d'une main qui fût à la fois ferme et prudente. C'est le contraire qui arriva : on lui donna

---

[1] Aléxandre, sous Maxence (v. plus haut).

Romanus, homme dur et avare. Ce Romanus la pressurait sans pitié ; il ne s'occupait que d'amasser de l'argent, et quand une ville menacée par les Barbares, implorait son secours, il demandait encore de l'argent et voulait qu'on le payât d'avance. Sur ces entrefaites, Firmus se révolte : il a bientôt une armée nombreuse ; indigènes et Donatistes se pressent autour de lui. Romanus est battu, Césarée est prise, la Numidie est ravagée, et l'insurrection devient si formidable, que Romanus n'a plus assez de soldats pour la combattre. Il est forcé de s'adresser à l'Empereur, qui lui envoie du fond des Gaules, son meilleur général et ses meilleures troupes [1].

Nous avons parlé de cette guerre. Il en faut lire le récit plein d'intérêt dans les historiens de l'époque. C'est une suite de rencontres sanglantes et acharnées, ici dans les montagnes, là au bord de la mer, aujourd'hui autour des villes, demain chez les tribus nomades ; c'est un ennemi fuyant et reparaissant toujours ; ce sont des escarmouches sans résultat et des combats de vingt-mille hommes.... Firmus enfin ne succombe qu'à la manière

---

[1] La cause réelle de la révolte de Firmus ne fut pas le despotisme de Romanus. Firmus se révolta, parce qu'ayant tué son propre frère, Romanus lui avait justement demandé compte de ce crime. Mais telle était la haine inspirée par la cupidité de celui-ci, que la population l'abandonna et prit le parti du meurtrier.

de Jugurtha. Il est trahi et vendu comme lui [1].

Résumons-nous. Cinquante ans après la ruine de Carthage, les Romains ne possédaient presque rien dans l'*intérieur* de l'Afrique; cent ans après, on voit encore des rois de Numidie, deux cents ans plus tard, des rois de Mauritanie, et cinq siècles après, lorsque Rome s'est enfin établie sur ce vaste territoire, lorsqu'elle y a transporté depuis longtemps sa langue, sa civilisation, ses lois, il y éclate tout-à-coup, et au centre même de sa puissance, un soulèvement inattendu, que le bras seul de Théodose parvient à étouffer [2].

[1] Firmus s'était refugié chez les Isaflenses, peuple placé entre la chaîne du Grand Atlas et le Mont-de-Fer (le Djurjura), dans la province actuelle de Tittery. Igmazen, leur roi, consentit à livrer Firmus, qui se tua pour ne pas tomber vivant entre les mains de Théodose.

[2] Le récit de l'expédition de Théodose contre Firmus, rédigé par Ammien Marcellin, qui s'était peut-être trouvé sur les lieux, a été vivement éclairé par le savant auteur des *Recherches sur la Régence d'Alger*. On voit que cette guerre opiniâtre fut principalement concentrée entre la mer et Sitifis (Sétif), qui était la base des opérations de Théodose; qu'elle atteignit Auzia (Bordj-Hamzah), autre point militaire important; s'étendit un moment par les montagnes jusqu'au Munimentum Medianum (Médéah), et Julia Cæsarea (Cherchell), et revint s'éteindre dans les hautes vallées du Djurjura, là même où avait éclaté, trois siècles auparavant, la guerre de Tacfarinas, là où cent cinquante ans après s'arrêta la conquête de Justinien, là enfin où celle des Arabes et des Turcs n'a jamais entièrement pénétré (v. plus loin, p. 25) (*).

(*) Une circonstance fort remarquable de cette guerre, c'est que Théodose

CHAPITRE IV.

**De l'Afrique depuis 1830, et de la domination française
comparée à la domination romaine.**

—

Nous franchissons un espace de douze siècles,
sans nous préoccuper de la domination arabe.
Que dire, en effet, de toutes ces dynasties qui se
succèdent, de tous ces empires qui s'élèvent et
croulent, de tous ces chefs fanatiques ou ambitieux
dont le génie étonne quelquefois, mais qui, en
définitive, ne fondent rien de durable, et ne
laissent après eux que des ruines. C'est là l'histoire
de l'Afrique septentrionale pendant douze siècles.
Soumise d'abord, nominalement du moins, aux
grands califes de Damas et de Bagdad, elle passe
aux Aglabites, puis aux Zéirïtes, puis aux Almora-
vides, puis aux Almohades, renversés à leur tour

n'avait amené avec lui qu'un très-petit corps d'armée, qui ne s'élevait pas
au-delà de 3 à 4000 hommes : mais c'étaient tous hommes d'élite. Tandis
donc que les soldats de Romanus gardaient les frontières, ou restaient ren-
fermés dans leurs places fortes, Théodose, suivi de ses fidèles vétérans dont
rien n'embarrassait la marche, poursuivait Firmus sans relâche, et tombait
à l'improviste sur les tribus qui lui donnaient asile.

Il est curieux de voir que ce système de *colonnes mobiles,* si souvent blâmé,
et pourtant si heureusement appliqué de nos jours, n'est pas autre chose que
le système même d'un des plus grands capitaines du bas-empire.

2

par les Zyanites et les Hhafsytes... [1], malheureux
pays qu'une guerre éternelle déchire, et où la paix
elle-même est toujours armée ! Plusieurs états sortent
de ces débris, états faibles, sans consistance, n'ayant
de force que pour se détruire. L'Espagne en profite
pour occuper Oran, Alger, Tunis, Tripoli. Mais
cette utile conquête est bientôt perdue, et tombe
aux mains des Turcs. Maîtres de la côte d'Afrique,
les sultans de Constantinople le deviennent de la
mer, et leurs nouveaux sujets, transformés en pirates, se vengent sur le commerce chrétien de la
défaite de Lépante.

Louis XIV châtie ces corsaires : Du Quesne bom-
barde trois fois Alger. Toutefois les déprédations re-
commencent, et la victoire de lord Exmouth, en
1816, ne peut encore y mettre un terme. Il fallait un
exemple. En 1830 la France s'empare d'Alger, en
chasse les Turcs et s'y établit. Un mot maintenant
sur cette occupation.

Nous ne parlerons pas des dix premières années
de la conquête, années fécondes et glorieuses
cependant, où l'armée prend Constantine, franchit
les Portes-de-Fer, s'installe à Cherchell, Médéah,
Milianah[2], et commence ces grands travaux d'utilité
publique qui préparent et consolident l'œuvre de la
colonisation... Nous avons hâte d'arriver aux résul-

---

[1] Zyanytes à Telemsen 1210-1560 : Hhafsytes à Tunis, 1210-1570.
[2] 1837, 1839, 1840.

tats déjà obtenus , et nous disons : voilà treize ans seulement que nous sommes en Afrique ! Qu'est-ce que les Romains possédaient en Afrique au bout de treize ans ? Qu'est-ce qu'ils possédaient dans l'*intérieur* du pays ?

Dira-t-on que les Romains eurent à lutter contre une nation puissante et fortement organisée ? Mais à l'époque de l'*occupation* romaine , Carthage était détruite.

Dira-t-on que la guerre continua dans les provinces , que le peuple carthaginois survécut à Carthage ? Les Carthaginois, peuple étranger, n'avaient qu'une terre sans patrie , et des armées sans citoyens. Carthage prise, la lutte cessa.

Dira-t-on qu'après Carthage vinrent les Numides, population farouche et indomptable , plus nombreuse et plus aguerrie que celle de nos jours ? Plus nombreuse ! les éléments nous manquent pour décider cette question. Plus aguerrie ! le courage des Arabes ne peut être mis en doute (D).

Dira-t-on enfin que nous avons été soutenus par des alliances ou servis par des défections ? Pendant dix ans , aucun chef considérable n'est venu à nous. Les Romains avaient pour eux la fidélité de Massinissa.

Chose remarquable ! l'empire punique tombe le même jour que Carthage. En prenant Alger, la France ne prend qu'une ville. Le reste du pays continue à résister et à combattre.

La religion de Carthage différait peu de celle de Rome. On sait que Rome adoptait toutes les croyances, et qu'elle avait une place pour tous les dieux. Entre le culte du Christ et celui de Mahomet, l'assimilation n'est pas possible; l'Arabe nous repousse comme étrangers, il nous déteste comme infidèles : La guerre qu'il nous fait est *nationale* et *sainte* [1].

Dans la conquête de l'Afrique, tout l'avantage était donc du côté de Rome; cependant, combien d'efforts, combien d'années pour atteindre le but! En treize ans nous y touchons presque [2].

Que celui qui doute prenne la carte d'Afrique! Depuis les frontières de Tunis jusqu'à celles du Maroc, depuis les bords de la Méditerranée jusqu'aux derniers rameaux de l'Atlas, une riche et fertile contrée nous appartient. Nous sommes à Bône et à Oran, à Constantine et à Telemsen : nous occupons tous les lieux intermédiaires. Boghar, Thaza, Tegdempt, Saïda, toutes ces retraites cachées et lointaines d'un ennemi insaisissable ont été détruites. Nos drapeaux ont vu Msilah, Tebesah,

[1] *Voy.* à la page **24**, une rectification qui ne détruit pas le principe.

[2] Sans sortir des limites de l'ancienne régence d'Alger, bien entendu : il n'est pas question des autres possessions romaines.

Bouçada, villes perdues, en quelque sorte, sur la limite des terres cultivables, et se précipitant dans le désert, à la suite d'un royal prince, ils sont revenus couverts du sable glorieux de Taguin [1].

Voilà ce que nous avons fait en treize ans. Mais

[1] 29 mai 1841. — Occupation de Msilah, par le général Négrier (à 28 lieues S.-O. de Sétif).

31 mai 1842. — Occupation de Tebesah ou Tébesse (l'ancienne Théveste), par le général Négrier (à 35 lieues S.-E. de Constantine).

16 mai 1843. — Prise de la zmala d'Abd-el-Kader, près la source de Taguin, par M. le duc d'Aumale (à 29 lieues S.-O. de Gougilah, dans le désert).

28 octobre 1843. — Occupation de Bouçada, par le général Sillégue (à 45 lieues S.-O. de Sétif).

Une garde urbaine soldée à été organisée dans les trois villes de Msilah, Tebesah et Bouçada, pour le maintien de l'ordre et la protection des voyageurs (*).

(*) Les ruines de Tebesah sont magnifiques. On ly voit des restes considérables de temples et de monuments publics : *un arc de triomphe*, sur lequel on lit que l'ancienne Théveste, détruite par les Barbares, a été relevée par Salomon, vainqueur des Vandales ; *un cirque* qui pouvait recevoir 6000 spectateurs ; *une forteresse* encore debout avec son mur d'enceinte, flanqué de quatorze tours. Les sources d'eau y sont nombreuses et les jardins d'une admirable fertilité, (*Rapport* du général Négrier, inseré dans le *Moniteur* des 28 et 29 juin 1842).

On a déjà dit qu'une grande route pavée conduisait, du temps des Romains, de Carthage à Théveste. Le rapport du général constate l'existence de cette voie romaine, et ajoute qu'elle paraît se diriger à l'est vers Beccaria (v. la note C).

Bouçada est une ville de 4,500 habitants, placée sur la lisière du Tell (a terre des céréales). Elle a, comme Théveste et Msilah, de beaux jardins bien arrosés et plantés de palmiers.

depuis quelques années surtout les progrès ont été rapides, les résultats inespérés.

Il y a quatre ans encore, nous étions comme assiégés dans le petit nombre de points que nous occupions. On ne pouvait sortir d'Alger sans une escorte militaire ; il fallait une petite armée pour se rendre à Bouffarik, et les cavaliers hadjoutes, infestant la Mitidjah, répandaient la terreur jusqu'aux portes de la capitale [1]. Aujourd'hui vous traversez la plaine sans nul danger : vous y trouvez une population laborieuse, défrichant la terre, ou construisant des villages. La route est couverte d'ouvriers, de colons, de laboureurs, et l'activité fébrile de l'Européen y a même transporté l'*omnibus*. De Blidah gravissez l'Atlas : parcourez ces gorges sauvages où tant de sang fut versé. C'est partout la même sécurité : quelques soldats, des marchands, des femmes, qui vont à Médéah, Milianah, Boghar, à plus de quarante lieues d'Alger. Point de postes français, point de protection apparente ; le voyageur bivouaque en plein air, ou va chercher l'hospitalité sous une tente naguère ennemie. [2].

[1] « Nulle part la campagne n'était sûre..., et des partis se glissaient à la faveur des plis du terrain, jusqu'au voisinage d'Alger, » *Tableau des Établissements français en Algérie, pour* 1840, p. 1 et suivantes).

[2] « Sur la route où il y a trois ans il n'était pas prudent de » s'engager, à moins d'être accompagné de deux à trois mille » hommes, à chaque instant nous rencontrions des voitures pu-

Il y a quatre ans, on ne connaissait pas de routes; c'était de rudes sentiers·fréquentés par l'Arabe seul, de mauvais chemins, à peine praticables pour des mulets. Aujourd'hui vous trouverez plus de trois cents lieues de routes carrossables, exécutées par nos soldats. Vous irez facilement d'Alger à Telemsen (plus de 120 lieues), et vous pourrez visiter à droite et à gauche Tenez, Orléansville, Oran, Maskarah. Une autre route se dirigeant du côté de l'est touche déjà aux bords de l'Isser, et viendra se terminer, en traversant la Medjanah, aux murs même de Constantine [1].

» bliques, des charettes, des convois de toute espèce, des hommes,
» et des femmes isolées, voire même des cantonniers; enfin une
» activité commerciale peu commune, même sur les routes de
» France les plus suivies. Sous ma fenêtre, je vois chaque matin
» partir pour Blidah quinze diligences ou *omnibus* à cinq ou trois
» chevaux. Tout cela se remplit aussi bien d'Arabes que d'Européens.
» Ces voitures, si imparfaites qu'elles soient, leur plaisent beau-
» coup, » (Extrait d'une lettre du 18 décembre 1843, insérée dans
le *Journal des Débats*, du 3 février 1844).

    « J'ai fait quatre vingts lieues dans les terres, dit M. Gustave de
» Beaumont, à travers les provinces d'Alger, de Tittery et de
» Milianah, avec autant de sécurité que j'en ai trouvé sur la route
» de Paris à Orléans, » (Extrait du journal l'*Algérie*, du 26 janvier 1844).

    ' Distance 120 lieues.

    L'ancienne route (*Soltania*), tracée par le dey Omar, aboutit, en passant près de Bordj-Hamzah (Auzia), au redoutable défilé des Biben (les Portes-de-Fer); mais elle est devenue presque impraticable. C'es par-là, cependant, que M. le maréchal Vallée et M. le duc d'Orléans firent passer, en 1839, un corps d'armée de plus de trois mi... hommes, lorsque le maréchal tenta, pour la première fois, de reveui de Constantine à Alger par la route de terre.

Ajoutez ces marais desséchés, ces canaux creusés, ces ponts jetés sur le Sig, sur la Mina, sur le Chéliff, ces grands travaux simultanément entrepris à Bone, à Philippeville, à Cherchell, ce port d'Alger qui contiendra toute une flotte, cette vaste enceinte qu'on recule encore et qu'on y dispose pour une ville de deux cent mille âmes! C'est là certainement un grand et beau spectacle (E).

Le caractère arabe, si indomptable et si tenace, tend chaque jour à se modifier. Il cède, malgré lui, à l'influence de la civilisation européenne. Aujourd'hui les indigènes acceptent notre justice. Un officier, suivi de quelques soldats, parcourt les tribus, entend leurs plaintes, règle leurs différends. Le nom chrétien n'est plus maudit comme il l'était : on commence à le craindre, nous dirions presque à le respecter. L'évêque d'Alger visite son diocèse, et n'y reçoit que des hommages. La population musulmane accourt à sa rencontre, les ulémas s'empressent de lui faire honneur. Des écoles sont fondées, des communautés pieuses s'établissent. La croix, depuis si longtemps abattue, brille au sommet des mosquées converties en églises. On a vu un prêtre se rendre seul auprès de l'Émir, pour traiter avec lui d'un échange de prisonniers. Durant cette longue et pénible course, au milieu d'un pays dévasté par la guerre, le prêtre revêtu de sa robe, et portant un crucifix sur sa poitrine, était accueilli partout avec bienveillance. Quand il revint au camp français , le visage tout noirci par le soleil , et les vêtements en lambeaux , on ne voulait pas le reconnaître : nos soldats ne pouvaient croire ni à un pareil voyage , ni à un pareil retour.. (F).

Telle est depuis, quatre ans, la situation nouvelle de l'Algérie. Ce sont des faits avérés, constants, hors de discussion. Est-ce à dire que tout soit terminé? Est-ce à dire que nous n'avons plus qu'à déposer les armes et à jouir paisiblement de notre triomphe? Non, sans doute, nous avons encore beaucoup à faire [1]. Dans l'est, l'ancien bey dépossédé de Constantine, dans l'ouest, Abd-el-Kader, rôdant toujours comme un lion affamé, continuent à agiter le pays et y retardent l'affermissement de notre puissance. Au-delà de l'Isser , la Kabylie reste indépendante. Cette âpre contrée , toute remplie de montagnes , et que les Turcs n'ont jamais complètement soumise , est habitée par une race farouche et intraitable. C'est là qu'eurent lieu de tout temps les plus opiniâtres rébellions [2]; c'est là qu'aujourd'hui même, l'un de nos ennemis les plus actifs (Ben-Salem), a trouvé un refuge d'où il faudra bien que nous le chassions tôt ou tard [3].

[1] Il nous reste beaucoup à faire, et beaucoup de choses ont été mal faites ; mais on n'arrive pas de prime-abord à la perfection. Essayer, c'est chercher.

[2] Révoltes de Tacfarinas, des Quinquégentiens, de Firmus, dans la chaîne des Monts-de-Fer (le Djurjura).

[3] Une première expédition contre Ben-Salem a déjà été heureu-

Mais si tout n'est pas encore terminé, s'il nous reste encore beaucoup à faire, ne devons-nous pas regarder du moins avec satisfaction ce qui a été fait et nous montrer pleins de confiance dans l'avenir? Les résultats obtenus depuis quatre ans ne sont-ils pas merveilleux ? Est-ce qu'ils ne dépassent pas tout

sement conduite dans cette partie de l'Algérie, par M. le maréchal Bugeaud (octobre 1841). On détruisit le fort de Bel-Kheroud, construction toute neuve de Ben-Salem, et le fort d'El-Arib, bâti par les Turcs; mais on n'alla pas plus loin que Bordj-Hamzah (Auzia). Une seconde expédition a lieu dans ce moment (*).

C'est au-delà de Hamzah, et en remontant principalement vers le nord-est, qu'on entre réellement dans la Kabylie indépendante, vaste réseau montueux, aux mailles serrées en tous sens, et qui s'étendant de la mer jusqu'à Sétif, et de Dellys jusqu'à Collo, embrasse un espace de plus de cinquante lieues. Deux cents tribus, qui peuvent armer, dit-on, cent mille fantassins, et deux mille villages environ occupent cette région sauvage. Bien que stérile en beaucoup d'endroits, on y compte plusieurs belles vallées remplies d'arbres fruitiers, et le nombre des oliviers y est considérable.

L'expédition actuelle a pour but d'assurer l'établissement de la grande route stratégique qui, partant du pont de Beni-Hini sur l'Isser, doit se prolonger par Hamzah jusqu'à Sétif et Constantine. Si l'établissement projeté était suivi de l'expulsion de Ben-Salem et de la soumission de quelque tribu influente des environs de Bougie, on pourrait également communiquer avec Sétif par la mer. Cette communication existait du temps des Romains, qui avaient deux routes sur Sitifis, l'une partant de Bougie (Saldæ), l'autre de Djijelli (Igilgilis)(**).

(*) Elle vient de se terminer par l'occupation de Dellys et la soumission de plusieurs grandes tribus d'au-delà de l'Isser (17 mai).

(**) C'est à Igilgilis que débarqua Théodose, dans sa guerre contre Firmus. atteignit de là Sétif avec l'armée romaine.

ce qu'on était en droit d'espérer? N'est-il pas incroyable que nous soyons parvenus en quatre ans, ou si on veut en treize ans, à une domination aussi vaste et aussi complète à certains égards. Nous avons donc eu raison de dire: que la France avait marché bien plus vite que Rome, et que si quelque chose devait étonner dans notre entreprise, c'était sa rapidité. Il y a trois mois à peine que nos soldats ont franchi l'Aurès. Les voilà maintenant dans Biskra, à huit journées de Constantine vers le sud, sur la frontière extrême de l'empire romain. Partout ils ont retrouvé les traces de cette forte Rome, ses monuments, ses temples, ses grandes voies de communication, superbes témoignages d'une puissance qui n'est plus, mais qui peut renaître encore. Du côté de l'ouest, à 60 lieues du Tell, la ville commerçante d'El-Aghouath, reconnaît également notre suprématie: le chef de cette cité saharienne nous demande l'investiture et nous envoie les chevaux de soumission [1]. Tout va donc bien sur les divers points de la Régence; tout va bien, la guerre et la paix. On a pu hésiter, sans doute, entre l'occupation

---

[1] Une colonne française vient d'entrer à El-Aghouath (25 mai), et a reçu en passant la soumission du célèbre Marabout Tedjini, chef d'Aïn-Madhy, petite place forte, située à 12 lieues N.-O. d'El-Aghouath.

« El-Aghouath est une grande ville, entourée d'une muraille avec des fortifications; elle a quatre portes et quatre mosquées.....

restreinte et l'occupation illimitée ; on a pu s'inquiéter, à juste titre, et des sacrifices que nous imposaient la conquête et des périls qu'il faudrait courir le jour d'une guerre maritime. A présent, cela
n'est plus possible. La force des choses nous a poussés
en Algérie, il faut que nous y restions; disons mieux :
il faut que l'Algérie nous reste, vaincue, soumise et
française. Grand et magnifique empire que les mystérieux desseins de la providence ont jeté en face
de Marseille, qui touche en quelque sorte à nos flots
et à nos rivages, et peut être placé dès aujourdhui
au premier rang des colonies, par la fertilité de son
sol, l'étendue de son territoire et l'importance de sa
population ! (G)

Le pays produit des fruits en abondance, tels que dattes, figues,
raisins, coings, grenades et poires... Le commerce y est florissant...

» A l'est d'El-Aghouath sont les ruines d'une ville dont les
princes, à une époque éloignée, étaient *chrétiens*. Il y a aujourd'hui
beaucoup d'inscriptions que l'on peut voir parmi ces ruines, »
(*Itinéraire de Hhâggy Ebn-El-Dyn,* publié en français sur la
version anglaise de M. Hodgson, par M. D'Avezac, Paris, 1836) (*)

(*) Ebn-el-Dyn, natif ou originaire d'El-Aghouath, entreprit avant 1830,
le saint pélérinage de la Mecque ; ce qui lui valût le titre respecté de *hhâggy*
(pélerin).

A la prière de M. Hodgson, consul général des États-Unis à Alger, Ebn-
el-Dyn rédigea, en 1829, la relation de ses voyages, et lui en fit présent.
Cette relation, écrite sans art, offre tous les caractères de la sincérité : elle
nous a été extrêmement utile pour nos recherches sur le commerce de l'Algérie avec l'Afrique centrale.

POST-SCRIPTUM.

Au moment de mettre sous presse, nous retrouvons dans une correspondance particulière, des documents relatifs à l'expédition récente de Biskra : ils confirment tout ce qu'on vient de lire sur le haut intérêt historique qu'elle a présenté dès son début.

Partie de Constantine sous le commandement de M. le duc d'Aumale, la colonne française arrive le 23 février au camp de Bétna. « Le 24, écrit » un officier de l'expédition, pendant que le prince » consacrait au travail la journée de repos donnée » aux troupes, le duc de Montpensier allait visiter » les ruines de Lambæsa, cette ville où la 3me légion » Auguste était établie. Nous y avons vu debout » beaucoup de monuments remarquables ; un tem» ple à la Victoire, un temple à Esculape avec son » inscription entière, telle que la rapporte Peys» sonnel, une quantité immense de tombeaux et » d'inscriptions que l'infatigable capitaine Dela» marre a copiées en grande partie. Ces ruines qui

» peuvent couvrir une étendue de deux à trois lieues
» de tour, montrent bien l'importance de cette posi-
» tion, à l'entrée du défilé qui fait communiquer le
» Tell avec le Saharâ, et promettent des découvertes
» importantes, si on a le temps de les exploiter [1].

» Avant Baitnah (Bêtna), le capitaine Delamarre
« a pu mesurer ce fameux Madraschen, dont par-
» lent avec étonnement Shaw et Peyssonnel. Ce
» monument qui peut avoir servi de sépulture et de
» trésor aux rois numides, a une importance réelle ;
» par sa masse et ses dimensions, il rappelle les mo-
» numents égyptiens; son diamètre est de 80 mètres,
» son élévation de 27, et il est soutenu par plus de
» 100 colonnes ou pilastres d'ordre toscan..... Sur
» toute notre route, nous avons suivi la voie ro-
» maine, très-bien conservée en quelques points ;
» partout de ces énormes blocs, de ces restes d'en-
» ceinte que l'on appelle vulgairement postes ro-
» mains ; enfin beaucoup de choses intéressantes que
» l'on dépasse avec regret sans pouvoir les étudier
» convenablement......

« Quelques jours après, le duc de Montpensier
» est allé reconnaître le défilé d'El-Kantara. Il revint
» le même jour, et jusqu'au dernier soldat, tout le
» monde parlait avec transport du coup d'œil qu'offre
» le pont romain suspendu sur l'abîme, et des nom-

[1] V. la note C.

» breux dattiers que l'on voyait pour la première fois,
» car ce n'est réellement que là que commence le
» Zâb. La population est venue au-devant du prince
» et a apporté du lait et des dattes à la troupe. »

Le 4 mars, le duc d'Aumale entre à Biskra, petite capitale du Zâb. Le 7, il va visiter Sidi-Okba
que les cartes placent encore plus au sud[1]. Il
en accueille les notables avec bienveillance et
se rend avec eux dans la principale mosquée.
« Les Tolbas l'y attendaient en chantant la prière
» pour le souverain, prière qui correspond dans
» la religion musulmane à notre *Domine salvum*
» *fac regem*. Après la prière, le prince entra
» dans la kobba, sanctuaire inviolable où repose
» depuis des siècles, le général arabe qui a conquis
« le Mogreb à l'islamisme[2]. »

De retour à Biskra, le duc d'Aumale organise le
pays, et reçoit une députation de la grande ville
de Tuggurt, située à quarante lieues sud-est[3].
Il repart le 15 de Biskra, après y avoir laissé une

---

[1] Un peu au-dessous du 34° latit. N. *Voyez* la belle carte qui accompagne l'*Itinéraire de Hhâggy-Ebn-El-Dyn*, par M. D'Avezac.

[2] L'*Algérie* du 6 avril 1844.

[3] « Teqort (Tuggurt), est une ville de richesses et d'abondance. Le pays produit des dattes, des figues, des raisins, des grenades, des pommes, des abricots, des pêches et d'autres fruits. Le marché de Teqort est fort grand. Cette ville est la capitale de ce district, et a juridiction sur vingt-quatre villages. Elle est ceinte de

garnison française et indigène, et atteint bientôt le khalifat d'Abd-el-Kader (Mohammed-Seghir), qui s'était réfugié dans l'oasis de Mchounech, position fortifiée et réputée inaccessible au pied du mont Aurès (l'Aurasius). Après un combat très-vif, où le duc de Montpensier est blessé en chargeant lui-même à la tête des troupes, la position est enlevée par l'infanterie, et Mohammed-Seghir prend la fuite vers le territoire de Tunis.

La position stratégique de Mchounech est tout-à-fait digne de remarque. On croit lire dans le rapport de M. le duc d'Aumale une des descriptions de cette partie de l'Aurasius, faite par Procope il y a treize siècles.

« Le groupe de montagnes connu sous le nom de
» Djebel-Aurès, dit le rapport, se termine, *vers le*
» *sud*, par des rochers escarpés à-peu-près inabor-
» dables. C'est au pied de cette chaîne qu'est située
» l'oasis de Mchounech. L'oued-el-Abiad (*l'Abi-*
» *gas*), sortant d'une gorge étroite et entièrement
» impraticable, arrose une petite vallée remplie de
» palmiers, de jardins bien cultivés et de maisons
» en pierre.

murailles avec des portes. Ces murailles sont entourées d'un fossé qui peut être comparé à un fleuve.

» Le gouverneur de Teqort possède une grande quantité de chevaux et de selles avec leurs harnais brodés d'or... Le nombre des troupes qu'on peut lever est de cinq mille hommes. Le teint des gens de Teqort est noir... » (*Itinéraire de Hhaggy-Ebn-El-Dyn*, p. 15).

« Cette vallée est enfermée au nord par le Dje-
» bel-Ahmar-Kaddou, qui dépend du groupe de
» l'Aurès, et qui n'est accessible que par un sentier
» très-difficile. Sur les flancs déboisés et à pic, se
» trouvent trois petits *forts*, solidement con-
» struits, et un village retranché dont la position
» est réputée inexpugnable, et qui sert de *dépôt*,
» non-seulement aux habitants de l'oasis, mais à
» beaucoup de gens de l'Aurès et du Saharâ. Au
» sud, deux collines moins élevées dominent l'oasis
» à l'est et à l'ouest [1].

Voici le récit de Procope : « Les Maures, après avoir
» été vaincus par Salomon renoncèrent à disputer la
» victoire aux Romains en bataille rangée. Ils se
» flattèrent que la difficulté de se maintenir dans
» l'Aurasius contraindrait l'ennemi à se retirer de
» leurs montagnes... Leur roi Jabdas y resta avec
» vingt mille hommes, et y choisit une position dé-
» fendue de tous côtés par des précipices et des ro-
» chers taillés à pic. Ce lieu est nommé Tumar...[2] »

Tumar, ajoute M. Dureau de la Malle, devait
être sur la chaîne *méridionale* de l'Aurasius, au-
dessus des sources de l'*Abigas* [3].

Procope continue : « Jabdas avait été blessé à la
» prise de Tumar, et s'était sauvé en Mauritanie...
» Restait un petit château-fort, nommé la *Roche de*

[1] *Moniteur* du 6 avril 1844.
[2] *Bell. Vand.*, II, xix.
[3] *Recherches sur la Régence d'Alger*, p. 140.

» *Géminien*, bâti sur un roc qui s'élève à pic, au
» milieu des précipices…. Jabdas y avait déposé ses
» femmes et ses trésors. Les Romains ne purent y
» grimper qu'en s'aidant des pieds et des mains, et
» en se soulevant l'un l'autre ; cependant ils réus-
» sirent à l'escalader, et s'emparèrent du trésor,
» dont Salomon se servit pour fortifier beaucoup de
» villes en Afrique [1]. »

Rapprochez maintenant de ce récit celui de M. le
duc d'Aumale. Ne semble-t-il pas évident que si l'oasis
de Mchounech n'est pas Tumar ou Geminianus, elle
n'en est pas loin ? Tumar et Geminianus, d'après
M. de la Malle, se trouvaient à côté l'un de l'autre ;
Tumar était au-dessus des sources de l'Abigas : Geminianus n'était donc pas loin de l'Abigas ; or, l'oasis
de Mchounech est précisément traversée par l'Abigas. Nous suivons, à chaque pas, la trace des
Romains.

Après ce hardi coup de main, on ne rencontra
plus d'ennemis, et la colonne expéditionnaire revint à Constantine. A la date des dernières nouvelles, M. le duc d'Aumale avait entrepris une
seconde campagne, pour compléter la soumission
des montagnards de l'Aurès, et assurer ainsi le retour vivement désiré des nombreuses transactions
commerciales qui existaient autrefois entre les habitants du Tell et ceux du Saharâ [2].

[1] *Bell. Vand.*, II, xx.
[2] V. *L'Appendice.*

NOTES.

(A) Bélisaire n'avait avec lui que dix mille fantassins et cinq mille cavaliers d'élite. Les Vandales, dont la population avait quadruplé depuis un siècle, pouvaient réunir cent soixante mille combattants, et leur roi Gélimer opposa, dit-on, aux Romains une armée de cent mille hommes. Cependant, après deux rencontres dans les plaines de Numidie, cette multitude fut dispersée, Gélimer fut pris, et la nation vandale, tout entière, fut chassée de l'Afrique.

Cette révolution soudaine, et bien plus rapide que l'invasion de Genséric, s'explique, non par la même cause, mais par une cause semblable. Le Donatisme avait fait triompher les Vandales; le Catholicisme les fit tomber. Une réaction les avait amenés, une réaction les emporta.

Personne n'ignore, en effet, ni les calamités dont ils accablèrent l'Afrique romaine, ni la persécution qu'ils firent subir aux catholiques, excités qu'ils étaient à la fois par leurs propres fureurs et par celles du parti donatiste. Cependant, au bout de quelques années, les hommes ardents de ce parti avaient disparu pour faire place à des opinions moins violentes, et bien qu'un historien (Tillemont) assure que les Donatistes furent exceptés de la persécution générale, il est évident qu'il ne resta bientôt plus dans toute l'Afrique que deux peuples et deux cultes, les vainqueurs et les vaincus, les Ariens et les Catholiques. De là donc, une haine profonde et irréconciliable entre eux, haine nationale, religieuse, politique, et qui fermentait surtout au cœur des opprimés. Quant à la race indigène (païenne, donatiste ou catholique), elle avait repris sa turbulente indépendance, et se tenait prête, comme toujours, à profiter des évènements.

Bélisaire connaissait parfaitement ces dispositions favorables du pays, et depuis Caput-Vada, lieu de son débarquement, jusqu'à Carthage, il ne rencontra que des populations amies. Carthage même, la seule ville dont les murailles n'avaient pas été détruites par Genséric, ne tenta pas de se défendre ; les Catholiques en ouvrirent les portes, et on ne trouva plus de Vandales que dans les églises, dont ils embrassaient les autels en suppliants.

Ajoutons que les Vandales du VIe siècle n'avaient plus rien de l'énergie native de leurs pères. « Leur vie s'écoulait, dit Procope, au sein des voluptés. Ils portaient de longues robes de soie, à la manière des Mèdes, et leurs châteaux, entourés de parcs immenses, rappelaient les *paradis* des rois de Perse. » (*Bell. Vand.* 11.)

C'étaient là les fils de ces farouches Germains qui, cent trente ans auparavant, s'étaient précipités sur le midi de l'Europe, qui, maîtres de l'Afrique chrétienne, avaient pillé la Sardaigne (436), saccagé Rome péndant quatorze jours (455), et qui revenus à Carthage, chargés des dépouilles de l'Italie, avaient compté dans la foule de leurs esclaves la fille et la femme d'un empereur (*).

La guerre avec les indigènes fut beaucoup plus longue.

Alliés d'abord de Genséric pour combattre les Romains, les

(*) Eudoxie, fille de Théodose II, et femme de Valentinien III.

indigènes étaient revenus promptement à cet esprit d'indiscipline et à cet amour du pillage qui est encore aujourd'hui le caractère distinctif des Arabes. Salomon, successeur de Bélisaire, voulut y mettre un terme (535), et la lutte de plusieurs années qu'il eut à soutenir contre les Maures, soit dans les plaines de la Byzacène et de la Numidie, soit dans les âpres rochers de l'Aurasius (le mont Aurès), soit dans les sables arides de la région du Zâb (Savus), qu'il réunit de nouveau à l'Empire, forme un des récits les plus curieux et les plus variés de l'histoire de Procope.

Les Maures se soumettent en 539 ; cependant ils se révoltent encore quatre ans plus tard (543), et Salomon, vaincu à son tour, périt non loin de Théveste (Tébesah). Un nouveau général, Jean Troglita, rétablit les affaires. Les Maures, découragés cette fois par deux grandes défaites, paraissent se résigner à l'obéissance et demeurent tranquilles jusqu'à la mort de Justinien (565) (*).

C'est donc toujours, on le voit, le même état de choses chez la race indigène : ces hommes ne sont en paix qu'enchaînés. Procope raconte que la dévastation du pays fut si grande vers la fin du règne de Justinien, qu'on pouvait errer des jours entiers sans rencontrer une créature humaine. Lorsque cet historien débarqua en Afrique à la suite de Bélisaire, la population y était encore considérable : on y comptait près de quatre cent mille Vandales, et ce peuple, ami du luxe et des plaisirs, avait donné une assez vive impulsion à l'agriculture et au commerce. En moins de vingt ans, cette scène de mouvement s'était changée en solitude : la nation vandale avait été déportée

---

(*) *Voy.*, pour les guerres de Jean Troglita, la *Johannide* de Flavius Cresconius Corippus, poëme latin d'un haut intérêt pour la géographie de l'ancienne Afrique, et publié à Milan, en 1820, par Pierre Mazzuchelli, d'après un manuscrit qui aujourd'hui paraît unique. Corippus dut être témoin des évènements qu'il raconte : car il était évêque d'une petite ville d'Afrique en 571, et l'expédition de Jean Troglita eut lieu vers 550.

tout entière, y compris les femmes et les enfants. Les riches
citoyens romains s'étaient réfugiés en Sicile et à Constantinople, et Procope assure, peut-être avec quelque exagération,
que les guerres de Justinien coûtèrent cinq millions d'hommes
à l'Afrique (Gibbon, t. VIII. chap. 43) (*).

(B) La résistance des indigènes fut énergique et courageuse.
Après s'être rangés, suivant leur habitude, sous les drapeaux
du conquérant, ils voulurent garder ensuite et défendre leur
indépendance ; mais les califes suivirent l'exemple de Justinien :
l'incendie, le pillage, dévastèrent l'Afrique, et trois cent mille
Maures furent vendus comme esclaves. La ressemblance des
mœurs fit le reste. Le Bédouin et le Numide se rapprochèrent,
le sang des deux peuples se mêla ; leurs religions se confon-
dirent, et il sembla, au bout de quelques années, que la même
nation s'était répandue, comme un grand fleuve, des bords de
l'Euphrate à ceux de l'Atlantique.

Quant au culte chrétien, ce serait une erreur de croire qu'il
fut banni de l'Afrique romaine, en ce sens qu'il y aurait été
aboli par les Arabes ; nullement. Une grande partie de la population romaine se réfugia, il est vrai, à Constantinople et en
Grèce ; mais ceux qui restèrent dans le pays purent y exercer
librement les pratiques de leur croyance. Les premiers Sarrasins étaient beaucoup moins intolérants qu'on ne se l'imagine,
beaucoup moins surtout que ne le furent leurs successeurs.
— Acceptez le Coran, ou payez le tribut : en d'autres termes,
soyez frères ou vassaux. — Voilà la doctrine de l'Islam, qu'on

---

(*) La soumission de l'Afrique fut encore loin d'être complète, et l'empire
de Justinien ne s'étendit pas à l'ouest au-delà des limites de la Mauritanie
Sitifienne : les Mauritanies Césarienne et Tingitane demeurèrent au pouvoir
des indigènes. Il n'y eut plus dans ces deux provinces que deux villes romaines,
Julia Cæsarea et *Septum* (Cherchell et Ceuta), avec lesquelles les Grecs de
Byzance pouvaient seulement communiquer par mer, « car les Maures inter-
» ceptaient et occupaient tout le reste du pays. » (Procope, *Bell. vand.* II, xx.)

a dénaturée plus tard. Le Christianisme fut donc toléré en Orient, et des *capitulations,* que nos ambassadeurs invoquent encore tous les jours, lui assurèrent la protection à laquelle *le tribut* payé lui donnait nécessairement droit (*).

Il en fut de même en Afrique ; mais les troubles intérieurs de cette partie du monde musulman, et la grande réaction religieuse qui suivit le mouvement des croisades, y enlevèrent bientôt toute sécurité aux derniers débris de la population romaine. Le Christianisme s'en éloigna peu à peu, et à la fin du XIIe siècle il eût été difficile de trouver un seul évêque dans la patrie de saint Augustin.

(C) Au premier siècle de notre ère, la Mauritanie Césarienne renfermait treize colonies romaines, trois municipes, deux colonies en possession du droit latin et une jouissant du droit italique ; toutes les autres villes étaient libres ou tributaires : du premier au second siècle, la Numidie avait douze colonies romaines, cinq municipes et trente-et-une villes libres ;

(*) Les anathèmes de Mahomet s'adressent particulièrement aux Arabes idolâtres ; ce qui ne l'empêchait même pas de faire alliance avec eux. « Gardez » fidèlement, dit-il, l'alliance consacrée avec les idolâtres, s'ils l'observent » de leur côté, » (*Le Coran*, chap. IX, verset 4). Il dit ailleurs, au sujet des chrétiens : « Ne violentez personne pour sa loi, » (*Id.,* chap. XI, verset 259).

C'est d'après cette règle (qui sans doute souffrit des exceptions) que furent signées toutes les premières conventions entre les Sarrasins et les Grecs. Nous citerons entre autres, la capitulation de Jérusalem proposée par le patriarche Sophronius et acceptée par Omar (637), le traité conclu par Amrou avec les Cophtes au moment de la conquête de l'Égypte (638), traité qui leur garantissait la liberté complète du culte chrétien, et qui fut également ratifié par le calife.

Après la prise de Jérusalem, Omar se rendit avec le patriarche dans l'église de la résurrection, et comme c'était l'heure de la prière, il fit la sienne, incliné sur les marches du temple. Quant au *farouche* Amrou, on ne prétend plus aujourd'hui qu'il ordonna la destruction de la fameuse bibliothèque d'Alexandrie. Le fait n'est rapporté par aucun auteur contemporain, chrétien ou musulman. On en doit donc conclure que c'est là une de ces anecdotes comme il y en a tant en histoire, et qui ne sont que des contes.

les autres étaient soumises au tribut : nous venons de voir enfin que dans le quatrième siècle on comptait au moins six cent quatre-vingt-dix villes ou bourgades, ayant rang d'évêchés. Ceci indique une population considérable, surtout en Numidie. Là, en effet, s'élevaient Cirta, Sitifis, Suthul, Theveste, Lambæsa, villes de 50 à 60,000 âmes, avec leurs Duumvirs, leurs Décurions, leurs assemblées populaires, images fidèles de la grande Rome, dont elles reflétaient la magnificence et la gloire. Autour d'elles se pressaient Hippone (Bone), Igilgilis (Gigelli), Sicca-Veneria, Zama-Regia, Tipasa, Cuiculum (Djemilah), Bagasis (Bagaï), Tadutti (Tattubt), Tamugadis, et une foule d'autres qu'il serait trop long d'énumérer (*).

(*) *Sitifis Colonia* (aujourd'hui Sétif). Les murs de cette ancienne métropole existent encore presqu'en entier, et protègent facilement la garnison française qu'on y a installée. C'était le point d'intersection des grandes communications qui unissaient Carthage, Cirta et Césarée : de là partaient en outre des voies directes qui rattachaient Sitifis, d'une part, à Saldæ (Bougie), à Igilgilis, à Coba et à Tucca ; de l'autre, à Lambæsa, à Theveste, à Musti, à Tamugadis, etc.

Suthul ou *Calama* (auj. Guelmah), située entre Hippone et Constantine. C'est auprès de cette ville, dans laquelle Jugurtha renfermait ses trésors, que le roi numide fit passer sous le joug 40,000 Romains. Lorsque les Français vinrent s'y établir en 1836, le rempart conservait encore dans certains endroits six mètres d'élévation ; une immense quantité de fortes pierres de taille encombraient les abords extérieurs et tout l'intérieur. On y voit un cirque d'une étendue considérable.

Theveste (auj. Tebesah). Léon l'africain mentionne ses remparts bâtis en pierres de taille comme celles du Colysée, et le grand nombre de colonnes de marbre, de pilastres, d'inscriptions latines, qui décorent l'ancien Forum et les autres édifices publics (v. plus haut, p. 21).

Lambæsa (auj. Tezzoute). Une partie des murailles subsiste encore. On y comptait quarante portes ou arcs de triomphe. Peyssonnel, au xviiime siècle, en a vu, quinze dans le goût des portes Saint-Denis et Saint-Martin, qui avaient jusqu'à cinquante et soixante pieds d'élévation. Lambæsa était une ville de la plus haute importance. Placée dans une plaine fertile au pied de l'Aurasius, elle gardait, de ce côté, l'entrée de la Numidie méridionale. C'est là que résidait, ainsi que l'atteste une inscription trouvée par Bruce, la fameuse *Legio III Augusta*, qui construisit la voie romaine de Carthage à Theveste.

Des milliers d'esclaves étrangers ou indigènes y cultivaient la terre, et telle était l'incomparable fertilité du sol, qu'il nourrissait à la fois l'Afrique et l'Italie. Salluste, Tite-Live et Pline n'en parlent qu'avec admiration. « On y voit, dit Strabon, des » champs de froment, où l'on fait deux moissons par an, et dont » les épis sont hauts de cinq coudées. » Quatre siècles après Strabon, Procope constate le même fait. Malgré la conquête des

Une expédition dirigée cette année contre Biskra (février 1844), par M. le duc d'Aumale, a passé tout auprès de Lambæsa. Nos officiers d'état-major ont retrouvé la plupart des monuments indiqués par Peyssonnel et par Bruce, et constaté que cette ville avait deux à trois lieues de tour (v. le POST-SCRIPTUM).

Tipasa. A mi-chemin entre Guelmah et Tiffesech (Tiffech), on trouve les débris d'une très-grande ville ancienne, de superbes portiques bien alignés, des colonnes de marbre, des palais encore debout, un amphithéâtre de cent cinquante pas de diamètre, dont dix rangs sont intacts, le tout en grosses pierres de taille. Ce lieu qui aujourd'hui s'appelle Hamisah, était peut-être la colonie de *Tipasa,* que quelques géographes placent à Tiffesech.

Cuiculum (auj. Djemilah). On remarque à Djemilah un théâtre, un temple quadrilatère à six colonnes, les restes d'une basilique chrétienne, des bas-reliefs, enfin le Forum, renfermant un temple dédié à la Victoire, et où l'on arrivait en passant sous un arc de triomphe, élevé à l'empereur Caracalla.

Au mois d'octobre 1839, M. le duc d'Orléans traversa Djemilah avec le corps d'armée qui se rendait de Constantine à Alger par les Portes de Fer : il admira cet arc de triomphe encore bien conservé, grava son chiffre sur la face interne du pilier gauche de l'arcade, et, dans une lettre au roi son père, exprima la noble pensée que « le monument de Djemilah, le plus com- » plet de ceux que nous ayons visités en Afrique, fût démonté pierre par » pierre, et transporté à Paris, comme consécration et trophée de notre » conquête. .. »

Ce vœu paraît devoir être accompli. M. le maréchal duc de Dalmatie a donné des ordres pour que l'arc de triomphe de Djemilah soit amené à Marseille, d'où il sera conduit à Paris, pour y être réédifié sur une de nos places publiques (*).

(*) V. *passim* l'ouvrage intitulé : *Renseignements sur la province de Constantine,* par M. Dureau de la Malle, les *Recherches sur la régence d'Alger*, par le même, et le *Tableau.... des établissements français pour* 1840, publié par le ministre de la guerre.

Vandales et l'affreuse dévastation qui en fut la suite, il trouve
presque partout un pays bien cultivé et d'une fécondité extraor-
dinaire. Il remarque le grand plateau de l'Aurasius (le mont
Aurès), chaîne immense qui sépare la Numidie du désert. « Pour
» qui veut gravir cette chaîne, dit-il, la route est difficile, le
» pays affreux et sauvage ; mais lorsqu'on est monté sur le pla-
» teau, on découvre de vastes plaines, de nombreuses sources
» qui donnent naissance à des rivières, et une telle quantité de
» vergers, que cette culture si variée semble presque un prodige.
» Le blé et les fruits qui y croissent y atteignent une grosseur
» double de celle qu'ils ont dans tout le reste de la Libye (*) ».

Il y eut donc en Afrique, depuis Auguste jusqu'aux Vandales, c'est-à-dire pendant plus de quatre siècles, une grande
population, une grande activité commerciale, un grand mouvement artistique. La littérature n'y brilla pas moins que les arts.
C'est l'époque d'Apulée, né à Madaure ; de Tertullien, né à Carthage ; de saint Cyprien, orateur puissant et martyr illustre ; c'est
enfin l'époque de saint Augustin, philosophe, rhéteur, évêque,
qui les surpassa tous les trois par la profondeur comme par la
variété de son génie.

(D) Les Numides n'étaient pas meilleurs tacticiens que les
Arabes. Tite-Live rapporte que Syphax, un moment allié des
Romains, voulut les accoutumer à la discipline des légions,
mais ils furent complètement battus par les mercenaires de
Carthage.

Quant à la population de l'ancienne Afrique, Strabon dit bien
quelque part que les Carthaginois y possédaient trois cents villes ;
mais quelles étaient ces villes, quelle était leur importance,
leur étendue ? Strabon ne précise rien.

Un passage de Procope, déjà cité plus haut, est plus positif :
Procope affirme que les guerres de Justinien coûtèrent à

(*) *Renseignements sur la province de Constantine*, par M. Dureau de la
Malle, p. 60 et 67.

l'Afrique plus de cinq millions d'hommes. Mais il n'est pas ici question de l'Afrique de Justinien, ni même de l'Afrique romaine; il s'agit de l'Afrique *carthaginoise* et *numide* (*).

(E) Voici un aperçu de la situation à la fin de 1843 :

I. ROUTES TERMINÉES.

Depuis deux ans, pendant les intervalles de guerre, l'armée a ouvert 357 lieues de route, qui ont à la fois leur importance militaire, commerciale et industrielle, savoir :

	Lieues.
D'Oran à Zebdou par Tlemcen.	44
De Tlemcen à Lella-Magajnia, dans la direction d'Ouchda.	15
D'Oran à Saïda par Maskarah	43
De Mostaganem à Maskarah.	25
De Maskarah à Tiaret.	32
De Mostaganem à Milianah par Orléansville.	60
D'Orléansville à Tenez, en partie dans le rocher.	10
De Cherchell à Teniet-el-Had par Milianah.	37
De Milianah à Blidah.	20
De Blidah à Médéah.	11
D'Alger au pont de Beni-Hini sur l'Isser.	19
De Philippeville à Constantine.	21
De Bone à l'Edough.	8
De Bone à La Calle.	12
Total.	357

(*) Il serait certainement curieux de rechercher quelle était l'ancienne population de l'Afrique à l'époque des Carthaginois, pour la comparer à celle que nous y trouvons aujourd'hui.

Toutefois ce travail serait d'autant plus difficile que nous n'occupons pas précisement le même pays que Carthage : nous sommes plus loin et moins loin qu'elle. Carthage ne possédait point, comme l'ont crû quelques auteurs, tout ce vaste espace compris entre la grande Syrte et le détroit de Gadès. Le *territoire* carthaginois, proprement dit, commençait du côté de l'est à la Cyrénaïque et s'arretait à l'ouest au *promontorium candidum*, (le cap blanc), en

Onze ponts ont été jetés sur ces routes, qui, comme on le comprend, ne sont encore que terrassées, à l'exception d'une partie de la route de Constantine qui est macadamisée, ainsi que celles qui sont le plus rapprochées d'Alger (*L'Algérie* du 6 avril 1844).

II. COLONISATION.

Les villes de Médéah, Milianah, Maskarah et Telemsen, où l'armée n'a trouvé que des ruines, ont été relevées depuis trois ans : celles d'Orléansville, Tiaret, Teniet-el-Had et Boghar ont été créées à la fin de 1843; Orléansville et Tenez fondées depuis moins de six mois, comptaient ensemble, à la même époque, plus de 1,800 Européens, presque tous Français.

deçà d'Hyppo-Regius (auj. Bone). Au-delà, c'était l'Afrique indépendante; c'étaient les Numides et les Maures.

Il est vrai que des colonies carthaginoises s'étendaient sur toute cette côte. Un grand navigateur, Hannon, s'avançant même dans l'océan occidental, en avait fondé plusieurs sur les rivages du Maroc. Mais c'étaient plutôt des comptoirs et des *échelles* que de véritables villes, et nous ne savons rien de leur population.

Tout ce que nous savons par quelques mots échappés aux historiens romains, c'est que l'ancienne Afrique, même l'Afrique indépendante et nomade, passait pour très-peuplée; c'est que l'on comptait sur le territoire de Carthage des villes importantes et un grand nombre de ports florissants; c'est que les nations lybiennes, fixées sur ce territoire, pouvaient armer de nombreux combattants, puisque dans la guerre des Mercenaires on les vit mettre sur pied 70,000 hommes; c'est qu'enfin Carthage faisait un commerce immense avec toute l'Europe connue, au moyen de ses flottes, et avec l'intérieur de l'Afrique, au moyen de ses caravanes, comme nous l'apprend Hérodote...

Mais dans tout cela nous ne trouvons aucune donnée sérieuse qui nous permette d'apprécier la force numérique du pays, et il en faut conclure que les éléments nous manquent, en effet, pour décider aujourd'hui une pareille question (*).

(*) V. pour la population actuelle de l'Algérie la note G.

Philippeville, fondée en 1837, est devenue une localité importante, chef-lieu d'une subdivision militaire, d'une sous-direction de l'intérieur et d'un tribunal de première instance. Bone, Oran, Mostaganem, Blidah, Cherchell, sont des villes *françaises*, où les constructions s'élèvent comme par enchantement, sans qu'elles puissent suffire aux besoins des habitants, (*Moniteur algérien* du mois de novembre 1843).

Enfin vingt-cinq centres agricoles existent dans la seule province d'Alger. Nous citerons comme les plus nouveaux, Staouéli. Foukah, Ste-Amélie, Montpensier, Joinville, etc., jolis villages qui s'entourent déjà d'une riche ceinture de mûriers, d'orangers et d'oliviers, (*L'Algérie* du 12 février 1844).

III. POPULATION.

Le chiffre de la population européenne augmente rapidement. En 1831, il n'y avait en Algérie que 3,228 Européens ; en 1840, on en comptait 28,736 ; à la fin de 1843 ce nombre s'élève à 66,000, et dans cette seule année il y a 24,000 émigrants nouveaux. La population européenne a donc doublé en trois ans.

La population indigène des établissements français suit la même progression. C'est la meilleure preuve du retour complet de la sécurité. Ainsi, à Alger, on évalue de 5 à 6,000, le nombre des anciens habitants qui sont rentrés dans les derniers mois de 1843 et dans le premier trimestre de 1844. La Mitidjah, qui avait été presque entièrement dépeuplée par la guerre, contient aujourd'hui plus de 3,000 indigènes, employés pour la plupart dans les villages ou dans les fermes des colons. Il en est de même à Blidah, Coléah, Médéah, Milianah ; et, d'après des relevés officiels, le nombre des indigènes qui ont paru sur nos marchés dans le dernier semestre de 1843 s'est élevé à près d'*un million* (*).

Alger n'avait (sa banlieue comprise) que 38,000 habitants

(*) V. la note G.

à la fin de 1840 ; on en compte 45,000 au 1ᵉʳ janvier 1844. Le massif seul contient 12,000 cultivateurs européens. La circulation est devenue si active à Alger, qu'on y trouve déjà 150 voitures publiques et qu'il y a autant de mouvement à la porte de Bab-Azoun qu'aux barrières les plus fréquentées de Paris, (Extraits divers du journal *l'Algérie* en 1844, et du *Tableau... de la situation des établissements français*, 1840-1842).

IV. Culture, Plantations et Forêts.

La culture des terres présente des résultats qui presque partout dépassent les espérances, et la fertilité de l'ancienne Afrique ne s'est pas démentie. On sait de quelles riches moissons se couvrent les grandes plaines des provinces d'Oran et de Constantine : mais on ignore peut-être tous les efforts tentés par le Gouvernement, pour encourager les plantations publiques en Algérie ; car multiplier les arbres et l'ombrage dans ce pays brûlé par le soleil, c'est travailler tout à la fois dans l'intérêt de la salubrité, de l'agrément, et de la conservation des eaux.

Des pépinières ont été établies à Alger, à Bone, à Constantine, à Sétif, à Oran, etc. Elles fourniront dans un délai rapproché autant d'arbres que les colons pourront en désirer.

Ainsi, il a déjà été planté en 1842, pour le compte du Gouvernement, 6,802 arbres, et par les colons des nouveaux villages, 14,211. Les habitants des environs d'Alger ont planté ou greffé plus de 100,000 arbres (*Tableau de la situation des Établissements français pour 1842*).

Mais c'est surtout la culture de l'*olivier*, de l'*oranger*, du *mûrier* et du *cotonnier* qui a attiré l'attention du Gouvernement. On connaît les belles orangeries de Blida et les oliviers séculaires des jardins de Telemsen. Il s'agissait de savoir si l'on pourrait également obtenir de beaux produits du mûrier et du cotonnier, ce qui permettrait à la France d'alimenter sur son propre sol deux de ses plus grandes industries. Les essais tentés jusqu'à ce jour ont parfaitement réussi.

Le mûrier, dans ses diverses variétés, vient en Algérie avec une rare facilité, dans tous les terrains et à toutes les expositions. Il y végète avec une telle vigueur, ainsi qu'on le voit à Bone ou à Bouffarick, qu'il donne des feuilles en abondance deux ou trois ans après sa transplantation.

Des soies ont déjà été obtenues. Soumises à l'appréciation de la chambre de commerce de Lyon, elles ont paru avoir beaucoup d'analogie avec celles des Cévennes. Les cocons blancs et jaunes examinés également à Avignon ont donné les meilleurs résultats. Les fileuses adroites, comme les connaisseurs, sont tous demeurés convaincus que le rendement est excellent, et que la soie obtenue équivaut et *surpasse* les plus belles qualités de France, que nous obtenons dans la contrée de Saint-Jean-du-Gard (*Tableau, etc.*, pour 1841).

On peut en dire autant des essais entrepris pour la culture du coton.

Le cotonnier existe en Algérie à l'état sauvage et en arbrisseau ; il y était cultivé au moyen-âge. Des voyageurs arabes nous parlent des plantations de *coton* qui entouraient les villes de Tobna et de M'silah. Edrisi nous apprend qu'au douzième siècle la culture du *coton* florissait à Sétif, « ville ancienne, » bien arrosée, riche en arbres fruitiers et en légumes de qua-» lité supérieure, » (*Recueil de renseignements sur la province de Constantine*, par M. Dureau de la Malle, p. 72 et 73).

Il était donc intéressant de raviver cette ancienne culture. C'est ce qui a été fait, et dès l'année 1835, des échantillons de coton récolté en Algérie ont été soumis à l'examen du Comité des arts et manufactures. Le Comité a déclaré que ce coton « surpassait les plus belles sortes de coton de la Louisiane, et » qu'il devait être classé avec le coton de la Georgie. » Examiné également par la chambre de commerce de Rouen, on lui a trouvé de profondes analogies avec les cotons de Fernambouc, de Bahia et de Maragnan, (*Tableau, etc.,* pour 1841).

Voilà donc quatre produits magnifiques, et qu'on peut regarder comme naturalisés en Algérie: *l'olivier*, *l'oranger*, la *soie* et le *coton*. Il y a là certainement une source incalculable de richesses (*).

Nous signalerons enfin un cinquième produit qui promet des résultats non moins importants: nous voulons parler des *forêts*.

On avait cru jusqu'à présent que les forêts de l'Algérie étaient peu considérables, mais des explorations récentes ont prouvé le contraire ; et on a découvert dans les différentes chaînes de l'Atlas des bois d'une vaste étendue et de toute beauté.

On cite dans la province d'Alger les bois du Mazafran (Oued-Djer) mélangés d'ormes, de frênes, d'oliviers sauvages; ceux de l'Oued-el-Kebir, remplis de chênes, de pins d'Alep et de cèdres du Liban. L'étendue de ces bois est faiblement estimée à 2,000 hectares.

Dans la province d'Oran, on trouve l'Ouanenseris avec d'immenses forêts : une seule entre Saida et Tegdempt est évalué, à plus de 40,000 hectares; quelques-unes sur les bords de la Mina et du Sig renferment plus de 20,000 hectares; une forêt de plusieurs lieues d'étendue, à 9 myriamètres de Tenez, est peuplée de cèdres qui s'élèvent à une hauteur prodigieuse.

Dans la province de Constantine on rencontre les énormes massifs boisés du pays des Righas au sud de Sétif, ceux d'Amama chez les Haractas, ceux de Guelmah, dans la vallée de la

---

(*) Ajoutez l'*indigo*, la *cochenille* et la *vigne*. L'indigo a réussi dans la pépinière du Gouvernement à Alger, (M. Baude, *De l'Algérie*, t. 1, p. 41). Au village de Kouba, un agronome distingué, M. de Nivoy, a déjà obtenu des cochenilles de bonne qualité. Un autre agriculteur, M. Cossidou, possède, dans la même commune, de belles vignes dont les plants viennent de Grèce et d'Espagne.

La vigne, du reste, est assez commune en Algérie, et les environs de Médéah sont célèbres par la grosseur de leurs raisins : mais comme les indigènes ne boivent pas de vin, on se contente de faire sécher les grappes.

Seybouse, ceux de l'Edough, tout garnis de chênes, de châ-
taigniers, de frênes, d'ormes, de pins maritimes ; enfin ceux
de La Calle, célèbres par le nombre et la vigueur de leurs
chênes-lièges, le tout évalué à plus de 32,000 hectares.

Ces beaux massifs déploient une richesse de végétation à laquelle on est loin de s'attendre dans un pays aussi discrédité
sous le rapport forestier. Ils forment des masses compactes qui
affectent tout-à-fait le caractère des futaies. Il n'est pas
rare d'y trouver des chênes qui ont 25, 30 et jusqu'à 40 mètres
d'élévation, dont 10 mètres sous branches ; la circonférence
d'un grand nombre atteint 4, 5 et 6 mètres.

En résumé, les forêts déjà connues de l'Algérie représen-
tent un total de plus de 80,000 hectares. Si l'on y ajoute plus de
100,000 hectares de broussailles qui servent au menu chauffage
des populations arabes et à la nourriture de leurs bestiaux, il
en faudra conclure que non seulement l'Algérie ne manque pas
de bois, mais qu'elle offre même une utile exploitation aux besoins du commerce européen, (*Tableau des Établissements
français*, pour 1841 et 1842).

(F) Cette modification remarquable de la population indigène remonte à 1840. M. l'évêque d'Alger ayant voulu
entreprendre, dès cette époque, la visite de son nouveau diocèse, y fut aussi bien reçu par les mahométans que par les
chrétiens. A Constantine, ce fut presque un triomphe : les musulmans vinrent en foule à sa rencontre et lui donnèrent les
marques d'un profond respect. « J'ai béni et posé, dit-il, dans
» la province de l'Est. la première pierre de deux belles églises,
» retrouvé un ancien temple chrétien, à Announah, encore dé-
» coré de sa croix et de son ancre. Il m'a été donné de prier aux
» bords du Rummel, et de présider une étrange assemblée de
» tous les principaux ministres de l'Islamisme à Constantine.
» Nos signatures s'unirent, nos cachets se mêlèrent, et
» c'était une réunion dans un but religieux !........» (*An-*

» *nales de la propagation de la foi*, pour 1841, p. 355).

A la fin de cette même année, M. Dupuch exprima le désir qu'une église fût accordée aux catholiques de Blidah, et M. le maréchal Vallée lui répondit : « Je viens d'affecter au » culte catholique une mosquée, la plus belle de la ville » française. Cette mosquée, employée en ce moment comme » magasin, a reçu sa nouvelle destination *à la grande satis-* » *faction des indigènes*. Je donne des ordres pour que le mi- » naret soit immédiatement surmonté d'une croix, qui, annon- » çant le règne de la religion chrétienne, constatera mieux que » toute autre chose l'occupation définitive. » — « Le troisième » jour, ajoute M. Dupuch, nous entrions dans la ville des oran- » gers, et à Blidah, aux portes de l'Atlas devenu français, au » quartier-général du vainqueur de Constantine, c'étaient les » soldats qui élevaient, plantaient sur le sommet du minaret du » prophète, la magnifique croix façonnée par leurs frères, dans la » ville des pirates algériens. Six Arabes la portaient, et bientôt » après allumaient les feux qui, durant la nuit, devaient » éclairer les infatigables travailleurs (*Idem.*). »

En 1841, nouvelle visite pastorale de M. l'évêque d'Alger. Il peut constater lui-même la sécurité dont jouissent les catholiques. Partout, autour de lui, on construit des églises ou des chapelles, on établit des sociétés charitables.

« J'ai quatre établissements de Sœurs de St-Joseph à Alger. » Les prêtres de Ste-Croix dirigent un collège de jeunes Arabes » distingués par leur naissance.... Dans l'Ouest, j'ai à Cher- » chell un prêtre et un grand hôpital, à Mostaganem un prêtre » et un hôpital; deux mosquées m'ont été données... Dans l'Est, » j'ai un prêtre à La Calle, près de Tunis; à Bone, un grand » hôpital et une humble église dédiée à saint Augustin... A » Constantine, j'ai trois missionnaires et six sœurs de la doctrine » chrétienne. La belle mosquée est devenue une église...

» A Alger, le jour de la fête du St-Sacrement, sur la magni- » fique place qui est au bord de la mer, et au milieu de 30

» à 40,000 personnes, j'ai fait la procession et donné, parmi
» les transports du peuple et au bruit du canon de la rade, la
» bénédiction la plus touchante et la plus solennelle : les Arabes
» eux-mêmes m'ont écrit à ce sujet les choses les plus consolantes. »

M. Dupuch dit ici quelques mots de l'échange récent de cinq
cents prisonniers, auquel il avait puissamment coopéré (*), et
il ajoute : « En ce moment même et depuis quinze jours, j'ai
» un de mes prêtres au milieu des tribus les plus ennemies,
» vivant avec elles sous la tente, au camp même de l'émir Abd-el-
Kader.. » (*Annales de la Propagation de la Foi*, pour l'année
1842, p. 5).

Le prêtre auquel M. Dupuch fait allusion est M. l'abbé
Suchet, l'un de ses vicaires-généraux. Après le premier
échange dont il vient d'être parlé, le bruit se répandit que
cinquante-six de nos malheureux compatriotes étaient encore
captifs aux environs de Telemsen. M. l'abbé Suchet conçut le
projet de se rendre lui-même auprès de l'émir et de lui demander leur délivrance. Nous voudrions pouvoir reproduire en entier
le récit de cette pieuse ambassade. Il devient évident, quand on
l'a lu, que le caractère arabe a subi depuis quelques années
une altération profonde, et qui semble vraiment inexplicable.

« Au début de mon voyage, dit M. l'abbé Suchet, quand
» nous étions plus rapprochés du théâtre de la guerre, nous
» rencontrions presque à chaque pas des tribus fugitives
» qu'Abd-el-Kader faisait émigrer avec leurs bagages et leurs
» troupeaux. Tous ces exilés, hommes, femmes, enfants même,
» me saluaient avec respect. Les plus curieux s'approchaient
» de moi, et me demandaient dans quel but je me hasardais au
» milieu de leurs déserts, et sur ma réponse, que j'allais
» chercher nos prisonniers auprès d'Abd-el-Kader, ils me
» disaient : Que Dieu t'accorde bon voyage et plein succès !..»
(*Annales de la Propagation de la Foi*, pour 1842, p. 81).

(*) Le *Journal des Débats* du 5 juin 1841 a publié la relation de cet échange
inespéré, écrite par M. Dupuch.

M. l'abbé Suchet avait cru devoir conserver le costume ecclé-
siastique. Il n'eut pas lieu de s'en repentir. « Partout où je pas-
» sais, j'étais, à mon double titre de Français et de prêtre, un
» objet de curiosité et de vénération. Ma soutane, ma ceinture,
» et principalement le Christ, qui brillait sur ma poitrine,
» tout, jusqu'à ma tonsure et à la coupe de mes cheveux, fixait
» l'attention des Arabes. En vérité, ce sont de grands enfants.
» Ma montre surtout avait le privilège de les émerveiller; ils se
» perdaient en conjectures sur la cause du petit bruit qui
» s'échappait de ses rouages et sur le mouvement de ses
» aiguilles. »

M. Suchet avait emporté avec lui quelques remèdes pour sou-
lager les pauvres malades, et chacun voulait en avoir sa part.
« Les femmes me présentaient leurs petits enfants, des infirmes
» s'étaient fait porter sur la route, d'autres s'y étaient traînés
» eux-mêmes, comme ils avaient pu ; tous me demandaient de
» les guérir. »

Le vénérable missionnaire raconte ensuite son entrevue avec
Abd-el-Kader, qu'il parvient à rencontrer, après mille fatigues,
entre Tégdempt et Mascarah ; la délivrance des cinquante-six
prisonniers, que l'émir lui rend sans rançon ; puis enfin son
retour dans un camp français aux environs de Médéah. « J'at-
» tachai mon mouchoir blanc au bout d'un bâton, et je l'agitai
» en l'air, en courant de toutes mes forces du côté des Fran-
» çais. J'étais à peine reconnaissable : ma longue barbe, mon
» visage et mes mains brûlés par le soleil, ma soutane déchirée
» depuis le haut jusqu'en bas, me donnaient l'air d'un sauvage.
» Le général Baraguay d'Hilliers, à qui l'on m'avait signalé,
» s'avance avec son état-major : j'étais pour tous un objet de
» curiosité. Un prêtre au milieu de l'Atlas, sortant du camp
» ennemi, c'était pour eux un mystère ! ils n'avaient pa
» eu connaissance de mon voyage. — Mais d'où venez-vous
» donc ? me dit le général. — De chez Abd-el-Kader. — Et
» tout seul ? — Tout seul, général. — Il répéta encore : Tout

» seul ! — Oui, seul avec un interprète. — La surprise des
» officiers était à son comble. Les soldats, avides de m'entendre,
» formaient un cercle épais autour de nous. »

En 1842 et 1843, M. Dupuch visite encore deux fois son
diocèse, dont l'importance augmente chaque année. Voici comment il raconte l'excursion pastorale de 1843 :

« J'ai quitté Alger le 20 avril. Après une traversée assez
» orageuse, j'ai touché à Bone, où j'ai commencé d'intéressantes
» fouilles dans les ruines de l'ancienne basilique de saint Augus-
» tin. Le 28, j'arrivais par terre à La Calle : j'y installais défini-
» tivement un curé, ancien officier d'artillerie...

» Le 1er mai, j'étais de retour à Bone, après avoir reçu sur
» les deux routes différentes que j'avais parcourues, en allant
» et en revenant, la plus touchante, la plus cordiale hospitalité,
» sous la tente des tribus pacifiques de cette belle province.
» Combien de fois répétions-nous qu'en Europe on ne pourrait
» croire tout ce dont nous avions été témoins à cet égard ! »
» (*Annales de la Propagation de la Foi*, pour 1844, p. 13).

A Villa Serviliana, à Guelmah (l'ancienne Calama), M. Dupuch retrouve deux églises anciennes encore debout. Il installe un
prêtre à Guelmah, dont on va restaurer le vieux temple : ce prêtre
desservira en même temps Sétif. « Il y a pourtant soixante-
» deux lieues de l'une à l'autre, et par un vrai désert. »

De Guelmah l'évêque se rend à Constantine, accompagné
d'Hassounah, son interprète : « Hassounah y reparaissait pour
» la première fois depuis son éclatante conversion, et y recevait
» l'accueil le plus inattendu, étant fêté de tous, *même des*
» *chefs religieux....*

» Il y a trois ecclésiastiques à Constantine : un frère coadju-
» teur y fait l'école aux petits garçons, *Chrétiens*, *Arabes* ou
» *Juifs*... La maison des sœurs, leur pensionnat, leurs écoles,
» leur infirmerie et l'hôpital civil touchent à l'église, ancienne
» mosquée du palais des beys ; la croix domine le minaret, la

— 54 —

» ville entière et les profondes vallées qui l'enceignent. Le gou-
» verneur-général ayant bien voulu être parrain de la cloche, je
» la baptisai parmi les flots d'Arabes émerveillés. Le cheik El-
» Arab n'avait pas dédaigné, pour mieux jouir de ce spectacle
» si nouveau pour lui, de grimper sur les épaules d'un de ses
» spahis.... enfin plus de cinq cents enfants arabes ont été bap-
» tisés *in extremis* (*). »

M. Dupuch s'arrête quelques instants à Philippeville, à Gi-
gelly, à Bougie, revient à Alger, puis repart pour Médéah !

« Le 6 août, j'allais à Milianah, je franchissais le col célèbre
» de Mouzaya. Quelle soirée, quelle nuit que cette paisible nuit du
» 7 au 8 août, chez les Kabyles, sous le pavillon magique du Ciel !..

» Nous remontons à cheval, et durant vingt heures, à peine
» interrompues par quelques instants de sommeil sur le tapis
» d'une tente hospitalière, nous chevauchions à l'aventure,
» *partout accueillis comme des amis, partout bénis comme des*
» *Marabouts ;* tantôt retrouvant au milieu d'un vaste marché,
» et sous la tente où il rendait la justice, un des principaux ac-
» teurs de l'ancien échange de prisonniers, tantôt traversant
» d'immenses solitudes, etc. »

Voilà les Arabes depuis 1840 : voilà quel singulier changement
s'est opéré dans l'esprit de ce peuple ! Nous ne voudrions certainement pas d'autre preuve de l'heureux succès de nos armes, et
de la haute sagesse qui préside aujourd'hui aux principales mesures
de l'Administration. Cependant cela prouve encore autre chose :
c'est que pour être respecté des Arabes, il faut être religieux.

Le musulman, sans doute, n'a point de sympathie pour un

(*) Un assez grand nombre d'indigènes font également vacciner leurs enfants, et plusieurs familles notables de Constantine, renonçant aux principes
consacrés par la loi musulmane, la pluralité des femmes et la faculté du di-
vorce, ont demandé que le mariage de leurs enfants fût célébré suivant la loi
française, déclarant en connaître toutes les conditions, et en accepter toutes
les conséquences, (*Tableau de la situation des Établissements français en
Algérie,* pour 1842 et 1843).

gouvernement chrétien , mais il le préfèrera cent fois à un gouvernement athée. Or, disons-le franchement, l'abandon fâcheux dans lequel le culte catholique fut laissé d'abord en Algérie produisit pendant longtemps le plus mauvais effet. Les Arabes ne peuvent pas comprendre un État sans religion. Quand ils virent que nous ne professions aucun culte, ils en conclurent que nous n'étions pas une société, mais une agglomération de mécréants (*).

Un évêque fut enfin donné à la colonie d'Afrique. Dès ce moment les indigènes crurent à notre force. La croix leur disait du haut des mosquées : — Voici des chrétiens, et voici vos maîtres.

« Chose singulière ! remarque M. St-Marc-Girardin, de tous
» nos établissements en Algérie, le plus fort et le plus efficace,
» c'est l'évêché ! C'est celui qui a le mieux montré aux Arabes
» que nous voulions fonder en Afrique une puissance durable, et
» que nous avions les moyens d'y parvenir, » (*Revue des deux Mondes,* année 1841). (**)

(G) Étendue de l'Algérie : 250 lieues de longueur, 40, 50 et 70 lieues de largeur. — Population : 5 à 6 millions d'habitants au moins.

(*) « Les Arabes nous repoussent moins comme chrétiens que comme incrédules, » (M. Baude , t. II , p. 364).

(**) L'armée d'Afrique a parfaitement compris ce rôle politique de l'Église, et loin de lui faire obstacle , elle le seconde de tout son pouvoir.

Ainsi , à Blidah (nous l'avons déjà vu), c'est M. le maréchal Vallée qui met la plus belle mosquée de la ville à la disposition de l'évêque (novembre 1840); à Médéah, c'est M. le duc d'Aumale qui donne aux colons la mosquée d'Ahmar, et préside lui-même à sa consécration nouvelle (février 1843), Partout, ces vieux temples de l'islamisme sont bénis par nos prêtres . en présence de chefs militaires; partout, le christianisme se montre aux indigènes avec les attributs de la puissance, qui est une des conditions de la durée. Citons encore M. Dupuch.

« ...J'allai à Milianah (c'était au mois d'août 1843), pour y recueillir les
» restes d'un brave officier, mon vieil ami, né sur les-mêmes rives que moi, et
» mort si loin !... j'y visitai nos guerriers malades, j'y baptisai des enfants, j'y

Quelques auteurs ont adopté une estimation beaucoup moindre pour ce qui regarde la population. Malte Brun ne l'évaluait qu'à 800,000 âmes ; M. le consul Shaler, en 1826, la plaçait plutôt au-dessous qu'au-dessus d'un million ; c'était l'opinion de M. le colonel Juchereau de Saint-Denis, qui fit partie de l'expédition de 1830, opinion également partagée par le rédacteur d'un savant article inséré dans le journal *l'Algérie*, du 26 janvier de cette année.

Cependant, depuis 1830, l'ancienne Régence a été parcourue

» préparai une église pour l'arrivée prochaine du nouveau curé de Saint-
» Adéodat de Milianah.

» Avant de repartir, le 11 au matin, dès les premières clartés de l'aurore,
» j'étais à genoux au pied de la cime du mont Zacchar ; le sol était jonché, par
» les mains des soldats, de fleurs humides de rosée. Dans la redoute voisine,
» devant laquelle l'autel se dressait par enchantement, la musique militaire se
» faisait entendre à travers les créneaux noircis par la poudre ; le général
» Reven, son état-major, la garnison, gravissaient la colline ; j'offrais les
» saints mystères pour ceux qui moururent en nous y frayant la voie....

» J'ai comblé les vœux des habitants de Mers-el-Kebir (*Portus magnus*
» des Romains). Ils sont déjà quatre cents vivant à terre, et environ trois
» cents demeurant dans des barques..... Aussi, comme ils ont été consolés
» quand, en quarante-huit heures, et grâce à leur élan unanime, chapelle,
» presbytère, école, autel, tout a été prêt. Les bâtiments étaient pavoisés, le
» temps était superbe ; j'arrivais dans une barque avec pavillon à l'avant et
» à l'arrière : elle bondissait sur la mer argentée ; sur le pont des vaisseaux
» de l'État, les tambours battaient, les clairons sonnaient....» (*Lettre* du
14 septembre 1843, insérée dans les *Annales* pour l'année 1844).

M. Dupuch revient à Alger et va poser la première pierre du monastère des trappistes de Staouéli. On sait que ces religieux ont pris l'engagement de cultiver un millier d'hectares dans la plaine de la Mitidjah.

« J'achève par une belle cérémonie la plus complète visite que j'aie encore
» pu faire. Je bénis, ce matin même, les fondations du nouveau monastère
» de Notre-Dame de Staouéli. C'est en présence du maréchal, (M. le maréchal
» Bugeaud) et des principales autorités de la colonie, avec un nombreux
clergé et quatorze religieux (ils seront bientôt quarante-cinq), que je pose
» la première pierre de l'église, sur le champ même où se livra la bataille de
» Staouéli, qui décida en grande partie de la prise d'Alger.

» Cette pierre façonnée, il y a de longs siècles, par le ciseau des vainen tous sens, et il résulte de la plupart des documents que nous avons eus sous les yeux que les premières estimations étaient beaucoup trop faibles. Dès la fin de 1830, le *Journal des Sciences militaires* portait la population à près de 1,900,000 âmes, et en 1837, M. Dureau de la Malle pensait qu'on pouvait la faire monter à près de quatre millions d'individus (*).

Les rapports des voyageurs constatent, en effet, sur certains points, la présence d'une population considérable. On rencontre des tribus de 40 et 50,000 âmes. « A toutes les demi-« lieues, nous trouvions des douars, dit M. l'abbé Suchet, car

» queurs du monde, nous la posons sur un lit de boulets, ramassés dans » l'enceinte de la nouvelle Trappe....

» A deux heures, je traversais les palmiers nains, les jujubiers sauvages, » les épais buissons qui couvrent au loin le sol, j'avais franchi le ravin de » Saint-Ferdinand : quelle surprise ! quelle métamorphose ! quel joli village » avec ses cactus, ses vieux figuiers, ses plantations nouvelles, ses maisons » aussi commodes qu'élégantes et admirablement disposées, son camp, et ·· surtout son castel couvert d'ardoises et entouré de jardins pittoresques, mais » plus encore avec sa colonne si gracieusement située, et sa belle croix en fer, ·» ouvrage sorti le matin même de l'atelier des condamnés....

» En résumé, j'ai cinquante mille diocésains catholiques : dans dix mois » j'en aurai soixante mille, tous habitants civils, et quatre-vingt mille mili-» taires.... J'ai bientôt plus de cinquante églises ou chapelles.... quatre-vingt-» seize orphelins chez les sœurs de Saint-Vincent de Paul et· ailleurs, trois » sociétés de dames de charité, comptant près de quatre cents membres, seize » maisons d'éducation, de secours, de refuge, d'expiation, contenant soi-» xante-quinze sœurs, et en y comprenant les frères de la Trappe, soixante-» deux frères et soixante-six prêtres. »

Nous terminons cette longue analyse d'une correspondance aussi instructive que variée. Tout en faisant la part de l'enthousiasme religieux, il en résulte bien évidemment que la restauration du culte chrétien en Afrique a été une excellente mesure, même au point de vue politique. Mais disons également (et ceci a besoin d'être remarqué), disons qu'en Afrique, l'Église ne se mêle point du gouvernement : elle lui vient en aide, elle l'appuie ; elle ne prétend pas régler sa marche. En Afrique, l'Église fait comme tout le monde, elle travaille ; c'est là ce qui constitue sa puissance et sa force.

(*) *Recueil de renseignements sur la province de Constantine*, p. 151.

» ces déserts sont plus peuplés que les Européens ne le pensent.»
— « D'après de précieux renseignements , dit M. l'évêque
d'Alger, on évalue à cinq ou six millions le nombre total des
indigènes (*), » et d'après des documents officiels, ce nombre
serait encore plus élevé (**).

L'ancien chiffre de l'impôt avait été également fixé trop
bas. Les Turcs |n'avaient point de comptabilité régulière :
nous ne pouvons donc former à cet égard que des conjectures. Suivant Thomas Shaw, les taxes annuelles de la régence, au commencement du dix-huitième siècle, produisaient
1,647,000 fr. ; M. Shaler les fait monter, pour l'année 1822,
à environ 2,360,964 fr. Mais on doit y ajouter beaucoup
d'autres revenus, tels que les contributions en nature, les droits
de succession et d'importation, les dons plus ou moins volon-
taires, les exactions fréquentes des collecteurs, etc. (Dureau
de la Malle, p. 194). En 1843, malgré les malheurs inséparables
de l'invasion, malgré la difficulté des transactions commerciales
dans un pays ruiné par la guerre, les revenus de l'Algérie ont
dépassé dix millions de francs, parmi lesquels l'impôt arabe
figure pour 3 millions (***), et les importations ont atteintprès
de 78 millions (****).

L'importance de l'Algérie n'a donc pas été exagérée ; au contraire, les premières estimations avaient été trop faibles : on
s'était trompé *en moins*. Et, en vérité, que savait-on de l'Algérie il y a quelques années? Qui aurait jamais pu croire, soit à

(*) *Annales de la Propagation de la foi* pour les années 1842 et 1844.

(**) Sept millions. — *Rapport* fait au nom de la commission des crédits
supplémentaires de l'Algérie , par M. le général de Bellonnet, (Séance de la
chambre des députés du 17 mai 1844).

(***) *Moniteur algérien* du 4 avril 1844.

(****) Tous les jours nous voyons les Arabes acheter dans nos villes et em-
porter au sein de leurs tribus d'énormes ballots ; les négociants juifs et européens suffisent à peine aux demandes. Pour y faire face, une maison d'Alger
vient, assure-t-on , de commander en France pour *cinq millions* de tissus, à
l'usage du pays, (*L'Algérie* du 26 avril).

cette grande population nomade, dispersée jusque dans les sables, soit à ces nombreux villages de tribus agricoles et sédentaires ? Qui aurait jamais pensé, il y a treize ans, qu'on y naturaliserait si rapidement le coton, la soie, l'indigo, la cochenille ? Qui songeait seulement à ses richesses naturelles (nous ne parlons pas des céréales, ni des oliviers) : mais qui songeait à ses orangers, à ses vignes, à ses champs de garance, de safran, de tabac, à ses forêts de cèdres séculaires, cachées dans les flancs de l'Atlas ? Qui aurait pu s'attendre surtout à cette pacification presque générale, à cette soumission si prompte des tribus les plus hostiles, à cette transformation tellement singulière d'un pays où naguère encore on ne voyageait qu'avec une armée, qu'un homme seul peut y faire aujourd'hui plus de cent lieues, sur la simple recommandation de M. le maréchal-gouverneur ?

Un semblable état de choses a dû vivement frapper les esprits, et l'on conçoit maintenant qu'un observateur impartial ait pu dire, en présence de tout ce qu'il voyait : «Les résultats de la » guerre ont dépassé tout ce qu'on pouvait attendre. Pour mon » compte, je n'hésite pas à l'avouer ; *je ne croyais pas que* » *l'on pût réaliser de pareils résultats en aussi peu de temps.* » Je suis bien heureux de reconnaître que je me trompais dans » mes craintes, et j'accepte avec bonheur ce démenti que me » donnent les faits. Bien d'autres partageaient mon erreur, et » le reconnaîtraient comme moi, s'ils voyaient de leurs yeux ce » que je viens de contempler....

» L'heureuse issue de la guerre est due à cette héroïque » armée et à l'habile capitaine qui l'a commandée (*). »

(*) *Discours de M. G. de Beaumont* à une députation des habitants d'Alger, inseré dans *l'Algérie* du 26 janvier 1844.

Cette impression nouvelle qu'éprouvent tous ceux qui ont vu l'Afrique depuis quelque temps est fidèlement reproduite dans le fragment suivant que nous empruntons à une série de *Lettres d'un voyageur à son frère,* qui viennent de paraître à Alger.   Alger, 27 mars 1844.

« Je viens de faire 110 à 115 lieues dans l'intérieur du pays, avec M. le

APPENDICE

SUR LE COMMERCE DE [L'ALGÉRIE AVEC L'AFRIQUE CENTRALE.

Le Tell vend au Saharâ septentrional des grains, de l'huile, et des objets de fabrication européenne. Le Saharâ apporte au Tell, des dattes, des étoffes de laine, des esclaves, etc. qu'il va chercher jusques dans le Soudân.

A vant 1830, ce commerce était fort actif : il s'est rallenti

» gouverneur-général et *sans un soldat français*. J'ai été à 54 lieues droit vers
» le sud, j'ai traversé l'Oued-Jer, le Chélif, le Derder, l'Oued-el-Khamis
» et plusieurs autres rivières dont le maréchal veut emprisonner les eaux dans
» des barrages, pour arroser les terres et conquérir par les bienfaits les Arabes
» vaincus par la force. J'ai vécu au milieu des Beni-Khalel, des Beni-Mened,
» des Sumata, des Hachem, des Hadjoutes et autres dont les noms m'échap-
» pent ; j'ai pris part à la diffa et à la mouna (les vivres et l'orge), offerts au
» gouverneur sous la tente des kalifas, aghas et kaïds ; j'ai dormi sous la
» seule garde de leurs cavaliers, au nombre de 2 à 300, arrivés de dix, quinze
» et vingt lieues, pour saluer *leur seigneur*.

» Je pourrais raconter combien cette aristocratie arabe a déjà repris d'éclat,
» combien est pittoresque l'aspect de ces chefs aux selles brodées, aux bot-
» tines rouges, aux bernous blancs, aux mâles visages, s'élançant dans la
» plaine à la tête de leurs cavaliers, debout sur leurs étriers, le fusil en joue,
» constamment horizontal, déchargeant leur arme aux pieds *du maître*, la
» faisant sauter en l'air, la ressaisissant, et arrêtant court leurs chevaux lancés
» au galop ;..... tout ce que je puis dire, c'est que le nord de l'Afrique est un
» magnifique pays.

» Depuis la mer jusqu'à 40 ou 50 lieues environ au midi, c'est le Tell, la
» terre féconde qui produit les grains ; depuis là jusqu'au Saharâ, c'est le petit
» désert, nom que les Arabes lui donnent parce que les grains ne peuvent y
» mûrir, mais qui n'en est pas moins très-riche et très-populeux. Au-delà sont
» les montagnes bleues, puis le Saharâ.

depuis la guerre, et il faut reconnaître que nos mœurs repoussent le principal moyen d'échange, la vente des

> Eh bien ! ce qui m'a surpris, ce n'est pas l'aspect riant et fertile des val-
> lées et des plaines, l'étendue des bois *que nous n'avons pas quittés depuis*
> *Blidah* jusqu'à la forêt de chênes et de cèdres de Teniet-el-Had, à trente
> lieues de cette première ville, l'importance et la qualité des terres culti-
> vables, toutes ensemencées par les Arabes, l'état et le nombre de leurs trou-
> peaux, etc.... — C'est de voir nos soldats travaillant gaîment aux défriche-
> ments pour les Européens, aux constructions pour les établissements
> militaires, et aux routes qu'ils ouvrent dans toutes les directions; ce sont
> les routes à peine praticables, déjà fréquentées par des Européens et des
> Arabes, allant vendre ou acheter du bétail et des grains ; ce sont les indi-
> gènes sans solde (sans solde !) montant la garde de distance en distance,
> jour et nuit, depuis plusieurs mois, pour assurer la sécurité de ces routes,
> et l'assurant, en effet, complétement; c'est de voir à 50 lieues d'Alger, dans
> un lieu naguère désert (Teniet-el-Had), un magnifique hôpital et une caserne
> en pierres, bien et solidement bâtis par l'armée, sous la direction d'un jeune
> officier du génie plein de cœur et de résolution....
> » Ce qui m'a le plus étonné dans les Arabes, ce n'est pas de les voir si
> promptement remis des rudes atteintes et des désastres dont ils nous fai-
> saient sous la tente le naïf récit ; ce n'est pas de les voir mettre tant d'ardeur
> dans les exercices militaires, qu'ils aiment avec passion ; ce n'est pas de voir
> les populations faire nu-pieds, à travers les montagnes, sept à huit lieues
> pour demander au maréchal ou justice ou faveur, acceptant immédiatement
> et en silence ses décisions, quelles qu'elles soient, entourant le gouverneur,
> et lui baisant les mains, les pieds, les vêtements, pour le retour promis d'un
> marabout ou d'un vieux chef exilé ; c'est de les voir écouter avec une reli-
> gieuse attention les recommandations qu'il fait aux chefs pour qu'ils com-
> mandent avec justice, les avis et les conseils qu'il donne à tous pour amélio-
> rer leur bien-être, soigner leurs bestiaux et cultiver leurs terres d'une
> manière plus intelligente....
> Voici les faits ; posons-en les conséquences.
> » Il y a deux ans, au 11 avril 1842, on se battait encore à Méred, sur la
> route d'Alger à Blidah; on ne pouvait s'éloigner des villes sans danger; on
> regardait comme impossibles la soumission des Arabes et le payement des
> impôts, comme chimériques la population et la richesse du désert; l'Algérie
> passait pour avoir à peine une largeur de quelques myriamètres. Aujourd'hui
> elle a plus de cent lieues de profondeur, l'activité européenne pénètre déjà
> au tiers de cet espace, sur les routes qui sillonnent le territoire; l'impôt se
> paye partout avec plus de facilité, et surtout avec plus de justice que sous

esclaves noirs. Mais d'abord, si nous admettons facilement qu'on défende un pareil commerce aux Européens, il nous semble impossible de l'interdire aux musulmans indigènes, sans blesser toutes leurs habitudes, sans offenser même toutes leurs idées religieuses. En supposant toutefois qu'on y parvienne, nous pensons que les besoins d'échange entre le Tell et le Saharâ seront encore assez puissants pour attirer de nouveau en Algérie les caravanes de l'intérieur de l'Afrique, et *vice versâ*.

A cet égard, qu'il nous soit permis de ne point partager l'opinion de la commission de la Chambre des Députés qui a été chargée, cette année, de l'examen des crédits supplémentaires. « M. le président du conseil nous ayant annoncé, dit-elle » dans son rapport, qu'il cherchait à lier des relations entre » Biskra et Tuggurt, pour mettre l'Algérie en communication » commerciale avec l'intérieur de l'Afrique, et nous ayant fait » connaître que l'établissement de semblables communications » était un des motifs de l'expédition de Laghouat (El-Aghouath), » nous avons dû rechercher quels étaient les avantages que l'on » pourrait retirer de ces relations....

» Il résulte de nos recherches que les circonstances géogra- » phiques et la nature des populations du désert étant les » causes déterminantes de la marche dés caravanes, qui, de » Tripoli, à l'est, et de Mogador. à l'ouest, pénètrent dans l'in- » térieur de l'Afrique, il n'y a pas lieu de compter sur le dépla- » cement d'un commerce qui, du reste, ne présenterait que » des avantages très-bornés.... (*). »

Nous en demandons pardon à l'honorable rapporteur. Il ne

» les Turcs ; notre pouvoir s'étend au-delà des limites du leur ; les chefs du » désert viennent implorer notre protection, au nom de l'ordre et du com- » merce ; enfin un continent nouveau est ouvert à l'industrie de la France et » du monde, » (*Lettres première et huitième*).

(*) *Rapport fait au nom de la Commission des crédits supplémentaires de l'Algérie,* par M. le général de Bellonnet (séance du 17 mai 1844).

s'agit pas du déplacement, mais du *replacement* de l'ancien commerce qui a existé de tout temps entre l'intérieur de l'Afrique et la régence d'Alger. Sans aucun doute, nous ne prétendons pas faire arriver en Algérie les caravanes de Tripoli et de Mogador : on ne change pas arbitrairement les routes du désert; mais nous croyons qu'on peut y rappeler celles que la guerre seule en a détournées depuis 1830, et voilà pourquoi il est utile que la France exerce une influence réelle sur les pays de Tuggurt et d'El-Aghouath, car c'est par là précisément que passaient les caravanes de l'Algérie.

Deux honorables membres de la Chambre ont déjà traité cette question (*). M. Baude établit parfaitement que les caravanes venaient autrefois à Médéah, à Constantine, à Alger. « Oran, dit M. St-Marc-Girardin, était » aussi un des principaux rendez-vous des caravanes : elles n'y » viennent plus : notre conquête, d'une part, et, de l'autre, » l'habileté commerciale de l'empereur de Maroc, ont causé » cette interruption. » — « Cependant, dit M. Baude, malgré » l'établissement de plusieurs maisons européennes à Mogador, » le commerce y est encore resté soumis à trop d'avanies et de » difficultés pour qu'Oran ne l'emporte pas sur Mogador, si » Oran devient un port franc. Abd-el-Kader lui-même avait » tenté d'attirer à Mascara la caravane de Tafilet. »

Des caravanes partaient, à leur tour, des différents points de la Régence pour se rendre dans l'intérieur de l'Afrique. A l'époque du pèlerinage de La Mecque, elles allaient rejoindre la grande caravane du Maroc, qui les attendait à Ouerghela (Ouerqelah), oasis placée dans le désert, à plus de cent vingt-cinq lieues de la Méditerranée. Il y avait des stations intermédiaires. Médéah et El-Aghouath étaient les stations d'Alger; Biskra et Tuggurt étaient les stations de Constantine. Aujourd'hui, les

(*) *De l'Algérie,* par M. Baude, 2 vol., 1840. — M. Saint-Marc-Girardin, *Revue des deux Mondes,* pour 1841.

caravanes de pèlerins n'existent plus, et ce n'est pas là l'un
des moindres griefs que notre conquête a suscités parmi les populations arabes.

L'interruption des caravanes a donc amené celle de tout le commerce intérieur. Il est vrai que, suivant la commission, « ce
» commerce ne présenterait que des avantages très-bornés ; »
mais c'est là évidemment une erreur contre laquelle proteste
l'existence même des caravanes. Quoi qu'on puisse dire, le Saharâ
ne peut point se passer des grains du Tell, et il ne s'en est point
passé depuis 1830 ; seulement, il les a achetés ailleurs (*).

Nous connaissons Biskra, El-Aghouath et Tuggurt.

Biskra, où M. le duc d'Aumale vient de s'établir, est un
rendez-vous de caravanes ; c'est par là qu'elles vont à Constantine. Les Turcs, et après eux, Abd-el-Kader, occupaient Biskra
pour avoir la clef de tout le commerce du Zàb.

« El-Aghouath est une grande ville entourée d'une muraille
avec des fortifications... le commerce y est florissant. »

« Tuggurt est une ville d'abondance et de richesses : elle est
ceinte de murailles avec des portes... et a juridiction sur vingt-
quatre villages. Le marché de Tuggurt est fort grand... (**).»

Enfin le désert lui-même, l'immense Saharâ proprement dit,
est encore peuplé et commerçant. Ebn-el-Dyn, qui s'est avancé jusqu'au 27° latit. N., indique, sur les différentes routes qu'il a parcourues depuis El-Aghouath, de vastes oasis où l'on trouve des
marchés considérables, tels que ceux de Ghardeyah, « qui contient deux mille quatre cents maisons (***) ;» d'Ouerqelah, « très-

(*) Dans le Maroc et dans la régence de Tunis.

On a dû s'occuper plus particulièrement ici du commerce avec le Saharâ
septentrional et central, bien que le commerce avec le Soudân ne soit pas
sans importance, comme on va le voir.

(**) *V.* plus haut, p. 27, la note sur El-Aghouath, extraite de l'*Itinéraire
d'Ebn-el-Dyn,* et p. 31, la note sur Tuggurt.

(***) Il y a probablement ici une erreur, car Ebn-el-Dyn ne donne à Tuggurt que quatre cents maisons.

grande ville, gouvernée par un solthân ; » de Temymoun, « dont
» les moutons noirs sont couverts de poils semblables à ceux
des chèvres ; » de Qorarah, où l'on compte « près de vingt
villages ; » et d'Aoulef, « principale ville du Touat. » Cette oasis,
ainsi que celle de Qorarah, échange contre les esclaves et la
poudre d'or que lui apportent les caravanes du Belêd-el-Soudân
(pays des Nègres), « des soieries, du fer, des verroteries et
autres marchandises analogues (*). »

Ainsi, plus de doute. En partant d'El-Aghouath, vous arrivez au Touât, où vous rencontrez les marchands de la Nigritie.
En partant de Tuggurt, vous arrivez également au Touât, et c'est
eucore au Touât que viennent converger les routes de Tripoli par
Ghadamès et de Fez par Tafilet (**).

Ebn-el-Dyn n'est pas allé plus loin ; mais cela importe peu.
Il suffit que nous ayons trouvé dans son itinéraire la preuve
que nous y cherchions, à savoir : qu'il existe *plusieurs*
routes qui conduisent des frontières de l'Algérie jusque dans le
Saharâ central, routes très-suivies, très-fréquentées, dont Ebn-
el-Dyn indique exactement les stations, et où chaque journée,
en quelque sorte, a son étape. C'est donc une heureuse pensée
de chercher à lier des relations entre Biskra, Tuggurt et El-
Aghouath, pour mettre nos possessions algériennes « en commu-
» nication avec l'intérieur de l'Afrique : » et si la commission a
dû signaler avec raison les circonstances géographiques et la
nature des populations du désert, comme les causes déterminantes de la marche des caravanes de Tripoli, à l'est, et de
Mogador à l'ouest, il est fâcheux qu'elle n'ait point parlé de ce
troisième courant commercial qui se dirige en droite ligne du
nord au sud, sous l'influence des mêmes causes, et dont elle
paraît avoir complètement méconnu l'importance (***).

(*) *Itinéraire d'Ebn-El-Dyn,* p. 5-10.
(**) *V.* la carte de l'*Itinéraire d'Ebn-El-Dyn,* par M. D'Avezac.
(***) D'après des renseignements fournis à Oran, par des Arabes, en no-

Ce qui précède pourrait nous dispenser d'examiner la note supplémentaire rédigée par l'un des membres de la commission, car nous avons dû nous occuper principalement, comme on l'aura remarqué, du Saharâ *septentrional et central*, c'est-à-dire de cette partie de l'Afrique intérieure qui avoisine l'Algérie. La note annexe, au contraire, s'occupe plus particulièrement du Soudân, c'est-à-dire précisément d'une partie de l'Afrique qui nous intéresse beaucoup moins. Disons-en pourtant quelques mots, parce que le commerce du Soudân avec le nord de l'Afrique, a plus d'importance qu'on ne croit généralement (*).

Et d'abord, l'auteur de la note paraît s'être mépris sur la pensée du Gouvernement. Il suppose, en effet, que d'après les explications de M. le président du conseil, « l'espérance d'éta-
» blir des relations *directes* entre l'Algérie et Tombouctou
» ne serait pas étrangère aux mouvements de nos troupes
» vers le Sud, et que c'est là le but de notre expédition de
» Laghouat : » il cherche à démontrer ensuite que « la per-
» spective chimérique d'un commerce insignifiant (avec cette
» partie lointaine de l'Afrique) ne doit pas compter parmi les
» avantages de l'Algérie, et qu'elle ne saurait raisonnablement
» influer sur le système de notre occupation, ni motiver d'une
» manière satisfaisante aucune expédition militaire. »

Telle n'est pas la question, et le rapport de la commission elle-même reproduit tout autrement le langage de M. le maréchal duc de Dalmatie. M. le président du conseil a seulement dit qu'il voulait établir des relations *entre Biskra et Tuggurt;*

vembre 1832, et recueillis par le lieutenant-géneral Boyer, il existe une autre route vers le Soudân qui part de Bozamoghan, ville située à environ 60 lieues ouest d'El-Aghouath, et presque sous le méridien d'Oran. A partir de Bozamoghan on met 10 jours pour aller jusqu'à Gourara; 10 jours jusqu'à Tedikitz (le Tedikels, sans doute, du pays de Touât); et enfin 10 jours encore jusqu'au Belôd-el-Soudân, *(Études de géographie critique sur une partie de l'Afrique septentrionale,* par M. d'Avezac, p. 69.)

(*) Note *sur le commerce du Soudân avec le nord del'Afrique,* par M. Jules de Lasteyrie.

ce qui est tout naturel, puisque déjà nous sommes à Biskra. Il veut en établir également *entre Alger et El-Aghouath ;* ce qui n'a rien non plus que de très conséquent, puisque El-Aghouath reconnaît notre autorité. M. le président du conseil ajoute, il est vrai, que c'est « pour mettre l'Algérie en communication » commerciale avec l'intérieur de l'Afrique. » Mais s'agit-il, pour cela, de commercer *directement* nous-mêmes avec Tombouctou ? Le commerce algérien peut s'avancer profondément dans l'intérieur de l'Afrique sans pénétrer jusqu'à cette mystérieuse ville.

Cependant, nous l'admettons un moment : M. le président du conseil veut commercer avec Tombouctou. Eh bien ! nous disons que l'auteur de la note s'en effraye à tort, et que nos négociants arabes ne seront pas obligés de s'aventurer jusque-là, car ils trouveront sur toute leur route les caravanes qui reviennent du Soudân ; ils les trouveront à El-Aghouath et à Tuggurth même ; ils les trouveront au moins au Touât, où Ebn-el-Dyn les a rencontrées. Or, l'oasis de Touât est située par 27° latitude nord, et Tombouctou par 16 ; différence 11 degrés. C'est donc environ 250 lieues de moins qu'ils auront à faire.

Le Touât est un grand marché que M. de Lasteyrie indique à peine et d'une manière tout-à-fait accidentelle. « Les Toua- » riks, dit-il, conduisent les caravanes de Tripoli et du » Fezzan jusqu'à Tombouctou. Ils traversent alors le Touât au » sud de l'Algérie. » La mention est courte : c'est là pourtant qu'aboutit la grande ligne commerciale qui part d'Alger. Ebn-el-Dyn y a vu « des *soieries*, du fer, des verroteries, » que les marchands du Soudân y achètent chaque année. De quel côté venaient ces soieries ? — Du Maroc ou de Tripoli, dira M. de Lasteyrie. — Nous répondons : Pourquoi pas d'Alger ? Ebd-el-Dyn voyageait avant 1830 : à cette époque, les relations entre Alger et le Saharâ étaient actives et nombreuses ; la Régence, de son côté, faisait avec l'Europe un commerce d'é- change assez important ; pourquoi donc les soieries du Touât ne seraient-elles pas venues d'Alger ? Rien ne s'y opposait (*).

La note nous apprend elle-même que « la plupart des épées » dont se servent les Fellans, dominateurs actuels du centre de » l'Afrique, sont fabriquées à Malte ; » ce qui explique pourquoi elles portent la croix des anciens chevaliers. La note ajoute que « partout les armes européennes sont recherchées avec ardeur, et qu'un voyageur affirme avoir vu à Djenné (sur le » Niger) quelques fusils à la marque de Saint-Étienne. » Il faut reconnaître que presque toutes ces armes (si ce n'est peut-être les fusils de Djenné, qui seront venus par le Sénégal), sont apportées dans le Soudân par les caravanes de Tripoli. Mais en supposant que les épées de Malte et les autres marchandises de fabrique anglaise continuent à suivre la route de Tripoli, nous demandons pourquoi les armes et les marchandises *françaises* n'arriveraient pas à leur tour dans le Soudân, par la route d'Alger ?

C'est que la route de Tripoli est évidemment la plus courte, répond M. de Lasteyrie On le croirait, en effet, au premier abord. Cependant il n'en est rien, parceque la route de Tripoline court pas directement au sud : elle s'incline diagonalement par Ghadamès vers le Touât où elle rencontre celle d'Alger. De Tripoli au Touât, il y a 35 jours de marche ; d'Alger au Touât 32 ; avantage pour Alger, 3 jours ! Ce résultat positif, qui est en contradiction avec la plupart des idées reçues, nous paraît bien digne d'attention. (**).

(*) Ebn-el-Dyn remarque que les armes des habitants d'El-Qoleyah sont « des épées, des *mousquets* et des lances. » (p. 6.)

El-Qoleyah est une des grandes stations placée sur la route d'Alger au Touat, et à l'embranchement des routes d'El-Aghouath et de Tuggurt.

D'où venaient donc les mousquets des gens d'El-Qoleyah, avant 1830, si ce n'est encore d'Alger, très probablement ?

(**) D'Alger à El-Aghouath . . . . 9 jours
D'El-Aghouath à Metslyli. . . . . 7 »
De Metslyli au Touât. . . . . . . 16 »
      Total. . . . . . 32 »
Du Touât à Ten-Bouktoue (Tombouctou) 35 »
      Total. . . . . . 67 jours de marche. Il y en a 70 par la route de Tripoli.

Ainsi, nous croyons avoir démontré, d'une part, contre la commission des crédits supplémentaires, qu'il ne s'agit pas de déplacer le commerce de Tripoli et de Mogador, mais tout simplement de *replacer* le commerce d'Alger dans la situation favorable qu'il avait autrefois; d'un autre côté, contre M. de Lasteyrie, qu'il n'est pas impossible de faire parvenir jusque dans le Soudan, et par une route *tout algérienne*, les divers produits de l'industrie européenne. (*)

Une autre cause, suivant M. de Lasteyrie, explique la préférence que les caravanes du nord de l'Afrique donnent à la route de Tripoli : c'est que Ghadamès, dont elles font leur entrepôt, est *peu distante* de la mer.

Ghadamès est à plus de *quatre-vingt* lieues de la mer, et il faut pour s'y rendre treize jours de marche !

(*)   ROUTE D'ALGER
A PARTIR D'EL-AGHOUATH JUSQU'A L'OASIS DE TOUAT, INCLUSIVEMENT,
D'APRÈS EBN-EL-DYN.

Ebn-el-Dyn a partagé cette route en trois itinéraires principaux, qui, réunis, donnent un ensemble de 21 stations.

I Itinéraire d'El-Aghouath à Metslyli.	5 stations.
II Itinéraire de Metslyli à El-Qoleya'h. . . .	5 »
III Itinéraire d'El-Qoleya'h à El-Touât. . . .	11 »
Total.	21 stations.

La dernière station, désignée par Ebn-el-Dyn, est Ayn-el-Ssàlahh *(la fontaine des saints)*. Ce lieu, visité avec respect par les pieux musulmans, est ainsi appelé à cause des Santons qui y demeurent ou qui y ont leurs tombeaux. « Alors vient le pays des Soudân, plus au sud, lequel est fré-» quenté pour la traite des esclaves, et de la poudre d'or. »

Les cartes ordinaires ne font aucune mention de cette route directe qui va d'Alger au pays de Touât. On y trouve bien lesgrands chemins de caravanes qui, partant *de Tripoli à l'est et du Maroc à l'ouest*, viennent se rejoindre à Aghâbly, autre station méridionale, placée sur les limites extrêmes du Touât; mais entre l'Algérie et le Touât, elles n'indiquent rien, rien que le désert aride et nû. Et cependant voici une route, voici des villes, voici des marchés, voici une population sédentaire et commerçante... population organisée et civilisée à certains égards, car elle a « des sol-» thâns et des mosquées »; population paisible et bienveillante même, car Ebn - el - Dyn ne rencontre presque partout que de vrais croyants « qui

Quoi qu'il en soit, il n'est nullement question « de commer-
» cer *directement* avec Tombouctou, » ni d'entreprendre, pour
atteindre ce but, « aucune expédition militaire. » Tout ce que
veut le Gouvernement, et il l'a clairement exprimé, c'est d'en-
tretenir des communications amicales avec les pays de Tuggurt
et d'El-Aghouath, pays riches, peu éloignés de nos possessions,
et qui, par leur position *naturelle*, peuvent les mettre en
rapport avec l'intérieur de l'Afrique; c'est, en un mot, de
rétablir au sud de l'Algérie d'anciennes relations politiques
que la guerre a brisées, et qu'une main puissante peut seule
renouer aujourd'hui.

» jeûnent, prient, lisent le Qôran, et font des aumônes, » (Ebn-el-Dyn,
description de la contrée de Touât, p. 9).

La discussion des crédits supplémentaires est terminée, et le plan général du Gouvernement a obtenu l'approbation de la Chambre.

Deux points ont été établis : 1° c'est qu'il y avait avant 1830 un commerce d'échanges considérable entre le Tell et le Saharâ septentrional ou algérien; 2° c'est que ce commerce d'échanges se prolongeait, d'oasis en oasis, jusqu'à l'Afrique centrale.

Un troisième point seulement est resté obscur , bien qu'il nous semble tout aussi incontestable que les deux autres : c'est que la population , sur toute cette ligne, a suivi la marche du commerce lui-même.

D'après un honorable membre , qui a , du reste , vivement appuyé les crédits demandés , la population s'arrête à Metlili (Metslyli), ou plutôt à l'Ouâd-Mzab , « la dernière des oasis » algériennes, située à cent trente ou cent quarante lieues » d'Alger . . . après quoi commence le désert . . . c'est-à-dire » l'absence totale de végétation : plus de fleuves , plus de » rivières, plus de ruisseaux, plus de puits, plus de population. » Il y a encore des voyageurs qui se dirigent de ce côté, mais » *il n'y a plus d'habitants.* »

Nous avons lieu de croire que l'honorable M. de Beaumont a mal traduit sa pensée. Il sait mieux que personne que là où il n'y a plus d'habitants, il n'y a plus de voyageurs, plus de caravanes. Sans doute , à partir de Metlili , dernière porte de l'Ouâd-Mzab vers le désert, la population devient rare et disséminée. Mais qu'il n'y ait plus de ruisseaux, plus de puits, plus de végétation, plus d'habitants, c'est ce qu'on ne peut admettre, car après Metlili vous rencontrez El-Goleâ (El-Qoleya'h), après El-Goleâ, Temimoun, Aoulef, tout le Touât enfin avec ses îles de verdure et ses fontaines d'eau courante (*).

Un officier du génie, M. le capitaine Carette, vient de publier sur ce sujet une excellente carte, qui a pu, cependant, contribuer à égarer M. de Beaumont (**). Cet officier distingué n'indique qu'une seule station (El-Goleâ), pour quinze jours de marche, entre Metlili et Temimoun dans le Touât. Il y en a douze, peu étendues et peu habitées assurément, mais toutes importantes comme lieux de repos pour le voyageur. Ebn-el-Dyn mentionne exactement celles qui ont des dattes et où l'on trouve des *puits* (***).

Quant aux oasis de Goleâ et de Touât, M. Carette en signale, comme nous, toute l'importance. El-Goleâ est la

(*) Si M. de Beaumont a voulu dire que la domination française ne devait pas chercher à s'étendre au-delà de Metlili, limite extrême et incertaine de l'ancienne domination turque, nous sommes de son avis; mais s'il a voulu dire que le désert ne commençait que *là*, sa pensée n'est pas tout-à-fait exacte. Il y a, par exemple, un véritable désert entre El-Aghouath et Metlili. On y compte quatre stations, dont deux sans eau. A Metlili même, on n'a que l'eau des puits. « Le sol est montueux et couvert de cailloux aigus qui coupent comme un couteau, » (Ebn-el-Dyn, p. 4).

Au-delà de Metlili, recommence le désert; à la cinquième station vous atteignez El-Goleâ (El-Qoleya'h), petit village très-commerçant, et ainsi de suite jusqu'au Touât.

(**) *Du commerce de l'Algérie avec l'Afrique centrale et les états barbaresques*, par E. Carette.

(***) « De Metslyli (Metlili) vous allez à El-Tsemâd en une journée. Il s'y » trouve beaucoup de puits... vous arrivez de là à El-Schârefâ qui a un » puits profond de vingt coudées....

» D'El-Qoleya'h à Aoulân... Il y a des puits à cette station, et le pays » produit des dattes....

» D'Aoulân à El-Ahmar. Il y a là un puits d'environ trente coudées de » profondeur....

» A Temymoun, il y a des dattes, ainsi que d'autres fruits, et une grande » abondance d'eau... qui est amenée au centre de la ville par des conduits.. » (Ebn-el-Dyn, p. 6 et suiv.)

grand entrepôt du commerce de la régence d'Alger avec l'intérieur de l'Afrique : « C'est là , dit-il, que sont versés les » produits du nord, portés à Metlili par les tribus algériennes,» (p. 25 et 26). Le Touât est l'entrepôt de tous les états barbaresques : c'est là que se réunissent les voyageurs « qui, venus de » Tripoli , de Tunis , d'*Alger* et de Maroc, se dirigent vers le » Soudân. Aussi le fleuve commercial qui s'échappe de cette » oasis est-il considérable, » (p. 35).

Nous sommes heureux de pouvoir invoquer l'autorité de M. le capitaine Carette sur une question qui intéresse au plus haut degré l'avenir de l'Algérie, et que nous croyons avoir examinée sous toutes ses faces. Ainsi , nous avons dit que le commerce de l'Algérie avec l'Afrique centrale était fort actif avant 1830 : M. Carette nous apprend que « la route d'Alger à » Timbektou (*) (quoique aujourd'hui moins fréquentée à cause » de la guerre) n'a jamais cessé d'être suivie par les négociants » indigènes,» (p. 37). Nous avons dit que la route d'Alger au Touât était plus courte que celle de Tripoli , et la plus courte , par conséquent , pour atteindre Ten-Boktoue : la carte de M. Carette en donne la preuve,et nous y retrouvons toutes nos distances, à un jour près (**). Enfin, nous avons dit qu'on pouvait faire pénétrer jusque dans le Soudân, et par une route tout algérienne, les produits de l'industrie européenne : M. Carette fait observer que si les objets de fabrication européenne vont chercher aujourd'hui le port de Tunis , de préférence aux ports d'Alger ou d'Oran, c'est que la route de Tunis à Ghedâmès leur présente une sécurité qu'ils ne trouvent plus sur la route d'Alger à Metlili. «*Sans ce motif,* ils préféreraient la route d'Alger, qui » est de beaucoup la plus courte, car, par une singulière coïn-

(*) Tombouctou, Ten-Boktoue (le puits de Boktoue).

(**) Sauf, toutefois, pour la route du Touât à Ten-Boktoue, à laquelle M. Carette n'assigne que vingt-cinq jours de marche. Mais c'est probablement une faute typographique, et il faut lire trente-cinq. La seule inspection du tracé l'indique.

» cidence, les trois points obligés de Metlili, d'El-Goleâ et du
» Touât sont presque sur la ligne droite qui va d'Alger à Tim-
» bectou, tandis que la route de Tunis forme un coude prononcé
» à Ghedâmès, pour aller passer comme la première par l'oasis
» de Touât. » — Cela est donc évident : route plus longue par
Tripoli, route plus longue par Tunis, route plus courte par
Alger. — « La securité rendue aux fabricants algériens jusqu'à
» Metlili, continue M. Carette, activerait selon toute probabilité,
» les relations entre notre chef-lieu colonial et Timbectou, et
» *restituerait* à nos établissements une branche de commerce
» que le désordre et l'anarchie leur ont seuls enlevée,» (p. 29).

Ces témoignages si précis et si concordants justifient et
complètent tout ce qui précède. Nous n'avons plus rien à
ajouter.

TABLE.